老子·庄子

卷一

〔春秋〕老子
〔战国〕庄子 著
李楠 编译

图书在版编目（CIP）数据

老子·庄子/［春秋］老子，［战国］庄子著；李楠编译.
— 北京：北京工艺美术出版社，2019.12（2023.8重印）
（品读经典：双色线装）
ISBN 978-7-5140-1588-1

Ⅰ.①老… Ⅱ.①老… ②庄… ③李… Ⅲ.①道家
Ⅳ.①B223

中国版本图书馆CIP数据核字（2018）第212453号

出 版 人：陈高潮
责任编辑：张怀林 刘 阳
装帧设计：书心瞬意
责任印制：王 卓
法律顾问：北京恒理律师事务所
丁 玲 张馨瑜

老子·庄子
LAOZI ZHUANGZI
［春秋］老子
［战国］庄子 著
李楠 编译

出　　版　北京工艺美术出版社
发　　行　北京美联京工图书有限公司
地　　址　北北京市西城区北三环中路6号
　　　　　京版大厦B座702室
邮　　编　100124
电　　话　(010) 58572763（总编室）
　　　　　(010) 58572878（编辑室）
　　　　　(010) 64280045（发　行）
传　　真　(010) 64280045/58572763
网　　址　www.gmcbs.cn
经　　销　全国新华书店
印　　刷　唐山楠萍印务有限公司
开　　本　889毫米×1194毫米　1/16
印　　张　40
版　　次　2019年12月第1版
印　　次　2023年8月第2次印刷
印　　数　3001~6000
书　　号　ISBN 978-7-5140-1588-1
定　　价　380.00元（全四卷）

前言

《老子》又名《道德经》《老子五千文》，是中国古代重要的哲学著作。当代对其作者和成书年代有颇多争议，多数学者认为成书于孔子、墨翟之后，不晚于庄子，即在战国中前期。其书非老子亲著，但基本上保留了老子的学说，其中也夹杂有后人的文句。

老子姓李名耳，字聃。与孔子大致同时代，生卒年不详。楚国苦县（今河南鹿邑东）厉乡曲仁里人，曾做周朝藏书室中管理图书的史官。

《老子》中《道经》在前，分三十七章；《德经》在后，分四十四章，共八十一章。各章从不同角度围绕『道』展开论述。文句长短不一，多有对偶句，以古音读之，大致和韵。

《老子》最先把『道』作为天地万物存在的本质。书中还包含极丰富的辩证法思想，认为天地间万事万物存在相互矛盾的两个对立面，并由此树立了一个辩证法体系，对历代思想家产生了深刻的影响。同时，对中国文学、政治、军事等方面也产生了巨大影响。

《庄子》又称《南华经》，古代哲学著作，庄周及其后学者所撰。《庄子》一书成书具体年代不详，为先秦古籍。

庄子，姓庄名周，字子休，号南华仙人。生卒年月不详，战国时期睢阳蒙县人。曾做蒙地管漆园的小吏，后厌恶仕途，隐居著书。庄子反对儒、墨两派，推崇老子学说。所著《庄子》，继承和发展了老子的学说，在宇宙观、认识论和人生观等方面，都提出了系统的理论观点。后世把老子和庄子并称『老庄』，他们的哲学思想也成为『老庄哲学』。

目前所传《庄子》共三十三篇，其中内篇七，外篇十五，杂篇十一。一般认为，内篇界限比较明确、严格，自成一体，是庄子自著，其中《逍遥游》《齐物论》《大宗师》三篇最能集中体现庄子的哲学思想；外篇和杂篇大多出于庄子门人及后学之手。《庄子》以『寓言』『重言』『卮言』为主要表现形式，全书以内篇为核心，自成体系。

《庄子》与《周易》《老子》并称为『三玄』，是道家学派的代表作之一。由于道家文化是中国传统文化的重要组成部分，《庄子》也成为人们研究中国传统文化的重要典籍之一。同时，它在中国文学史和自然科学发展史上也有重要的影响。

目录

卷一

老子

第一章　二
第二章　五
第三章　八
第四章　一一
第五章　一三
第六章　一五
第七章　一七
第八章　二〇
第九章　二二
第十章　二三
第十一章　二六
第十二章　二八
第十三章　三一
第十四章　三三
第十五章　三六
第十六章　三九
第十七章　四一
第十八章　四四
第十九章　四五
第二十章　四七
第二十一章　五〇
第二十二章　五二
第二十三章　五五
第二十四章　五八
第二十五章　五九
第二十六章　六二
第二十七章　六三
第二十八章　六五
第二十九章　六八
第三十章　七〇

第三十一章　七二
第三十二章　七三
第三十三章　七五
第三十四章　七七
第三十五章　七八
第三十六章　八〇
第三十七章　八一
第三十八章　八三
第三十九章　八五
第四十章　八八
第四十一章　八九
第四十二章　九二
第四十三章　九四
第四十四章　九六
第四十五章　九七
第四十六章　九九
第四十七章　一〇〇
第四十八章　一〇二
第四十九章　一〇五
第五十章　一〇八
第五十一章　一一〇
第五十二章　一一二
第五十三章　一一四
第五十四章　一一七
第五十五章　一一九
第五十六章　一二一
第五十七章　一二二
第五十八章　一二四
第五十九章　一二六
第六十章　一二八
第六十一章　一二九
第六十二章　一三一
第六十三章　一三三
第六十四章　一三五

第六十五章 一三八
第六十六章 一四一
第六十七章 一四二
第六十八章 一四三
第六十九章 一四四
第七十章 一四六
第七十一章 一四九
第七十二章 一五一

卷二

第七十三章 一五三
第七十四章 一五五
第七十五章 一五六
第七十六章 一五八
第七十七章 一五九
第七十八章 一六二
第七十九章 一六四
第八十章 一六五
第八十一章 一六七
附录一：老子及其《老子》 一七〇

庄子

逍遥游 一八四
齐物论 一九二
养生主 二一二
人间世 二一七
德充符 二三四
大宗师 二四六
应帝王 二六五
骈拇 二七三
马蹄 二八〇
胠箧 二八四
在宥 二九一
天地（一） 三〇四

卷三

天地（二） 三一一
天道 三二五
天运 三三八
刻意 三五四
缮性 三五八
秋水 三六三
至乐 三八〇
达生 三八九
山木 四〇五
田子方 四二〇
知北游 四三五
庚桑楚 四五二

卷四

徐无鬼 四六九
则阳 四九四
外物 五一一
寓言 五二三
让王 五三〇
盗跖 五四九
说剑 五六八
渔父 五七五
列御寇 五八四
天下 五九七
附录二：庄子及其《庄子》 六一六

老子

第一章

道可道①，非常道②；名可名③，非常名④。无名⑤，天地之始⑥；有名⑦，万物之母⑧。故常无，欲以观其妙；常有，欲以观其徼。此两者，同出而异名，同谓之玄。玄之又玄，众妙之门。

【注释】

①道可道：前一个道是指宇宙的本质。后一个道是动词，有解说、表述的意思。
②常道：原作恒道。
③名可名：前一个名是指形势、形态。后一个名指说明。
④非常名：不是一般的名，如名利、名声。
⑤无名：没有称谓，无形无象。
⑥始：根源的意思。
⑦有名：有形。
⑧母：根本，根据的意思。

【译文】

能讲出来的道，不是永恒的道；能表达出来的概念，不是永恒的概念。不能称呼的（世界原初状态），是天地的开端；能称呼的（世界状态），是万物的本源。所以常常从无形处观测世界本原的奥妙；经常从有形中观测世界本原的表现。有形与无形两者同源，而称呼不同。两者都很奥妙，是众多奥妙的总章。

【品读】

『道可道，非常道。名可名，非常名』，《道德经》的开篇之言，对于《老子》具有提纲挈领的意义。它以思辨的形式，道出了规定与否定，有限与无限的关系。『常道』，我们可以理解为一般的做事方法，『非常道』则是非一般的做事方法。

『常道』思维，会使人处于常规状态，容易导致保守、停滞。想有所成就，就应采取某种『非常道』的思维。

『非常道』的思维往往能够出奇制胜。『非常道』并不是否定『常道』，而是在『常道』的基础之上引申而来的。

『有』属于物质范畴，而『无』是与之对立的概念。如果把『有』界定为具体的物质，那么，『无』就是具体的物质之所以存在的结构方式、时空关系、运动和变化形式等，也可以用『自然规律』来概括。『有』和『无』不可分，有『有』就有『无』，有『无』就有『有』，纯粹的『有』和纯粹的『无』是不存在的，它们相互对立、相互依存，也就是老子所说的『有无相生』。『有』为实，『无』为虚，道体为实，道性为虚。彼此阴阳对立，虚实相合，共同构成宇宙的始母——道。

道性是永恒的、至诚的、无私无欲的，我欲『观其妙』，就必须『无欲』。这是说自我之性须符合道性。自我欲望即目之色欲、耳之声欲、口之味欲、鼻之嗅欲、体之亲欲和名利之欲。自我欲望在外，而妙景在内，所以，只有无欲，才能进入客观存在的道的境界，体会宇宙之奥妙，用庄子的话说：『造适不及笑，献笑不及排。』（《庄子·大宗师》）意思是：这一境界是最适宜的，妙境来不及应接，心笑来不及安排。

追求智慧是人的本性，『观其徼』，就是于『观妙』之中寻求矛盾双方的本质联系，揭示事物发生、发展的内在机制。矛盾的普遍性和特殊性、主要矛盾和次要矛盾、对抗性矛盾和非对抗性矛盾等都属于『观其徼』的范畴。

『观其妙』是同一说，代表道的境界，其前提条件是『无欲』；『观其徼』是对立说，代表现实世界，前提条件是『有欲』。要想实现人生之『大欲』，应从『无欲』入手。只有『无欲』，才能进入道境，把握世界的本质和规律，从而更好地造福人生、造福社会。『无欲』是实现『有欲』的方式和策略。这里，『无欲』和『有欲』是辩证的。『无欲』可消除自我不符合客观规律、有害于生活的欲望；『有欲』可增强符合客观规律、有利于认识和改造人类命运的欲望。越是『有欲』，越具备『无欲』的坚强意志；『无欲』的境界越高，人生价值越大。

任何事物都是矛盾的，矛盾的事物都具有斗争性和同一性。两者是相互联接不可分割的，它们共同构成矛盾的统一体，故说『同出而异名』。

『玄』，是道的存在形式的形象描绘。『玄』，作为客观存在，它必然是结构的、秩序的、规则的、运动的，所以，『玄』还有『旋转』的含义。在微观世界，不论是人体基因组，还是电子、质子、夸克等微粒子，都是以『玄』的运动形式存在的，现代科学技术已经证实了这一点。

世界的本体即玄是旋转的、运动的，运动是有规律的，宇宙和人生奥妙、玄机是蕴藏于玄的。把握不断旋转运动着的玄是探索和认识人生、社会以及宇宙奥妙的门户。这是老子的认识论。

第二章

天下皆知美之为美，斯恶已①；皆知善之为善，斯不善已②。

有无相生，难易相成，长短相形③，高下相倾，音声相和，前后相随，恒也。

是以圣人处无为之事④，行不言之教，万物作⑤而弗始，生而弗有，为而弗恃，功成而弗居。

夫唯弗居，是以不去。

【注释】

①恶已：恶，丑。已，通『矣』。

②斯：这。

③形：有体现、显现的意思。

④圣人处无为之事：圣人，古时人所推崇的最高层次的典范人物，即心灵与自然合一的人。

⑤作：兴起、发生、创造。

【译文】

天下人都懂得美之所以为美，是因为有丑存在；都懂得善之所以为善，是因为有恶存在。

相同的道理，没有『有』也就没有『无』，无难也就无易，无长也就无短，无高也就无低，无音也就无声，无前也就无后。

因此圣人管理国家都采用无为而治的方法，推行无言的教化；万物生成和兴起后不去干预，生养万物而不据为己有；向别人施与恩惠但不凭此获利；功成业就不居功自傲。只有不居功才能成就万世不朽之功。

【品读】

美丑和善恶都是矛盾的统一体，之所以知美，是因为有丑存在；之所以知善，是因为有恶存在。至道之世，人们不知有丑恶，也不知有美善，一切皆顺其自然，发乎道性而已。不道之世，那些以个人主义、利己主义为人生观的人，为了追求名利，往往用假美、假善来伪装自己。因为集美善于一身则名利双收，而美善存伪，丑恶即生。

通过对上句美丑、善恶这两对具体矛盾具体分析，揭示出矛盾的对立面之间相互转化的规律，进而引出下文。

有无、难易、长短、高下、音声、前后，它们的关系都是相互对立、相互依存的。如果不能辩证地看待它们，矛盾就不可能得到很好地解决。世人无不追求有、易、长、高、声（名声）、前，而厌恶其反面，其结果往往因追求的方式不科学，造成求而不得的痛苦。老子所要向世人指明的是，求『有』须向『无』中求；求『易』必须重视『难』；欲『长』必先始『短』；欲『高』必先为于『下』；欲播声于『外』，必先发音于『内』；欲处人之『前』，必先居人之『后』。总之，要以辩证法的观点，从所追求事物的对立面着手，让其自然而然地由量变到质变向正面转化。

因为有了困难，才显出容易，同样的，也正因为有了容易才显出困难；因为有了长的比较才显出短来，也正因为有了短的存在才显出长来；因为有了沉静的衬托才显出喧闹，也正因为有了喧闹才显出沉静来……可以说，这些相对的概念都是同时出现在我们的认识中的。在这里我们不去讨论它的哲学意义，只是与我们的生活结合起来看，显然万事万物都不是孤立存在，而是有着密切的联系的。

正是因为有了名利的衬托，才有了淡泊的可贵，也正因为有了淡泊的衬托，才让人看出名利的虚浮不实。万物之间的联系，正如我们必然要存在于社会之中，而社会也正是因为我们这一个个独立的人才会产生。所以即使是道家，也并没有将人完全地从这个社会上提取出来，也仍然要与这个世界有着千丝万缕的联系。

人生一世，谁不想有所作为。要想社会安定团结，不端正人们的思想观念怎么能行。因此，『有为』和『言教』成为社会的普遍理念。然而，根据对立转化规律，统治者强调自我有为，必然导致整个社会的无所作为；强调言教，必然导致人心不古、道德堕落。所以，社会上的丑恶现象都是片面追求『有为』和『言教』之过。『有为』的对立面是『无为』，『言教』的对立面是『不言之教』，为了实现无所不为和社会淳朴的目的，所以圣人『处无为之事，行不言之教』，这正是具体运用了矛盾的对立统一规律。对立统一规律是宇宙最根本的规律，也是老子辩证法的灵魂。

『处无为之事，行不言之教』是实践和认识的高度统一，

是基于微观认识论并通过自我身心健康来检验真理的。『处无为之事』是法治，『行不言之教』是德治。只有法治和德治相结合，才能确保人类的和平及人生幸福。『处无为之事，行不言之教』是世界上最科学的方法论，也只有真正体悟大道的老子才能揭示这一哲学方法论。

老子认为，一个人有了功劳越是不居功，越能够让人永记于心；越是居功自傲的人越容易成为别人攻击的对象而失去应有的功劳。

第三章

不尚贤①，使民不争；不贵难得之货②，使民不为盗；不见可欲③，使民心不乱。是以圣人之治，虚其心，实其腹，弱其志，强其骨。常使民无知无欲，使夫智者不敢为也。为无为，则无不治。

【注释】

①尚：崇尚，尊崇。

②难得之货：难以得到的财物。

③可欲：可引起欲念的事物。

【译文】

不推崇有才能的人，使人民不争高官厚禄；不重视稀有商品，使人民不去偷窃；不显耀那些能诱发人贪欲的东西，使人民的心性不被扰乱。所以，圣人管理天下，就要简化人民的头脑，填饱人民的肚子，减弱人民的意志，强壮人民的体魄。使人民永远没有知识、没有欲念。（这样，）使一些自以为聪明的人不敢妄为。以『无为』的态度去处理世间之事，就没有办不到的事情。

【品读】

『尚贤』是专制社会的一个主要特征，它的实质就是『贤人政治』。贤人政治就是与『法治』相对立的『人治』。在专制社会里，贤与不贤，是以统治者的利益标准来衡量的，符合统治者利益需求的，树为贤人，可得高官厚禄，从而名利双收。尚贤的结果是使人们在权力的诱惑下争做表面文章。因此，贤多是『假贤』。有道之世，尚法不尚贤，法律高于一切。只有在法制社会，才有不争名、不争利、脚踏实地、乐于奉献的『真贤』涌现。

『难得之货』，指凭借正常手段从正常渠道难以得到的东西，泛指钱财。有之则贵，无之则贱，致使人的欲望膨胀而成为盗贼。欲可抑不可纵，统治者不炫耀美色，人们不因此而迷乱心性。心性不乱，则身心健康，社会安定。

人只有淡化主观意志，进入忘我的精神境界，才能充分调动和发挥心灵的作用，保持身体的阴阳平衡。同样，只有最大限度地凝聚群众的智慧和力量，社会才能发展进步。未体道之人，总是个人英雄主义占上风，缺乏法治观念。然而自我能力毕竟是有限的，只有遵循客观规律，以法治国，才能取得无所不为的业绩。人类历史表明，是历史造就了英雄，而不是英雄创造了历史。信奉个人英雄主义就是『有为』。

中医理论认为，肾为先天之本，藏精、主骨。骨骼的强弱，是由精气决定的。人的生长、发育、衰老、死亡，莫不与精气的盛衰有关。所以，道德功是以固精养气为第一要义。精气充盈，骨骼必健。骨骼强健，则肌肉丰满，而骨强体健，是开启精神的物质基础和必要条件。

『常使民无知无欲』，这并非是圣人的愚民政策，而是体道的根本措施和开发潜在智慧、修养自我品德的最佳方式。『无知无欲』，是精神已经进入道境，处于直觉思维状态，此时此刻，大脑处于高度兴奋状态，而自我外在表现却是『无知无欲』的平静状态。自我精神只有经常沐浴在美妙的心灵家园里，才能认识自己，从而陶冶情操，升华自我。

『使夫智者不敢为也』，这是说，能够经常进入『无知无欲』状态的人，都已经具备了超越常人的智慧和能力，那些局限于自我，平时善于投机取巧、玩弄心计、耍小聪明的『智者』，在他们面前，如同小巫见大巫，自然不敢胡作非为。有道者『无知无欲』，方有大智大慧，这自然会启示并促使那些『智者』自觉自愿地从『敢为』转向『不敢为』。

只有『无为』，才能取得无所不治的成果。自我『无为』，朴『无不治』；统治者『无为』，法『无不治』。治身之道，在于朴治；治国之道，在于法治。

本章的主题是『为无为，则无不治』。体现了老子关于有为、无为的辩证思想。崇尚人治的统治者『尚贤』『贵难得之货』『见可欲』，诱之以权力、金钱、美色，致使天下人争权、图利，结果社会混乱，天下纷争。只有施行无为之治，才能实现天下大治。

老子最经典的智慧就是『为无为，则无不治』，老子在这里讲的『无为』并不是无所作为之意，更不是什么都不做。这里的『无为』是指不妄为、不随意而为、不违道而为。相反，对于那种符合道的事情，就必须『有为』。

老子所指的『无为』智慧，只是让人在处世之时顺应大势、顺应自然。所以老子这种『无为』不仅不会破坏事物的自然进程和自然秩序，而且还有助于事物的成长和发展。

不该做的事情不要勉强，要克制自己的情绪，是『无为』的核心内容。不把个人的意志强加在人与事之上，并不是怯懦，而是一种大的智慧。它能使人在潜移默化中走向自觉，收到良好的成效。

『无为而治』又是一种管理之道。在老子看来，理想的社会应该奉行无为而治，管理者应当不断减少对人的管制和束缚，制定政策不能政出频繁，更不能朝令夕改。

任何事物都有其自身的规律，规律是不可否认的，不因人们的意志而转移，我们只能尊重规律，利用规律。水遇热变成蒸汽，这是客观存在，无法改变，但我们却可以用这一规律来生产暖气，制造人工降雨等。这正是说明，我们无法改变铁一般的规律，只有顺应它、利用它。

第四章

道冲①，而用之或不盈②。渊兮似万物之宗。挫其锐，解其纷③，和其光，同其尘。湛④兮似或存。吾不知谁之子，象帝之先⑤。

【注释】

①道冲：道体是虚无的。

②盈：满、穷尽。

③纷：矛盾、结恨。

④湛：沉没，形容『道』隐而无形、又确实存在。

⑤吾不知谁之子，象帝之先：我不知道它是从哪产生的，好像在天帝之前就已经出生了。

【译文】

道是空虚而不可感觉的，但它的作用永无止境。深邃啊！它好像是万物最后的归宿。消除其锋锐，消除其杂乱，隐蔽光芒，与尘俗相混杂。幽深巧妙啊！它随隐而无形，似乎存在又似乎不存在。我不明白它是从哪产生的，似乎先于天地而存在。

【品读】

道的境界是心灵的世界，它的虚无，是相对于自我世界而言，是不能通过人的外观感觉到的。道的境界是虚幻的，但它虚而有物，它的无穷妙用对于得道之士来说，是永远不会感到满足的。因为，心灵在道的世界里自由翱翔是最快乐的，也最能满足人的天性。在浩瀚无际的道境之中，蕴藏着天地万物的本原。

畅游于道的美妙境界里，彻悟了人生真谛，获取了大智大慧，原先那种不可一世的自我锐气被挫消了，所有与我无益的纷纷之想得以解除；原来那种狂喜、愤怒、悲观、傲慢等情绪，得以和心灵之光充分调和，取而代之的是不卑不亢、清和平允。以合乎道的观点来看待世间的美丑、善恶、荣辱、贵贱，这时的人才是清醒的、觉悟的。『不言之教』的功用体现于此。

道的境界是灵明清澈的，如果有人存在，就可以清楚地看到，而不能说好像有人存在；如果说好像有人存在，就和『湛兮』二字相矛盾。其实，这里的『似或存』是一种猜疑的说法，意思是：大自然实在是奥妙无穷，它有着至诚不移的规律性和不可抗拒的力量，好像有人在背后主宰着宇宙。这跟今天人们怀疑上帝的存在是一样的道理：如果说没有上帝的存在，那么日月星辰的运转，四时的交相更替等现象，怎会这样有规律性呢？『吾不知谁之子，象帝之先』，这就是说孕育世界万物的是隐而不显的道。

本章旨在说明『不言之教』的功用。只有亲历道境，不为现象世界所羁绊，才能获得正确的世界观和人生观。道既是虚幻的，又是客观存在的，正是它的虚，才可充实人们的心。有了充实的心，就可以挫锐解纷，和光同尘。把握了世界的本质规律，就能把握自己的命运。

第五章

天地不仁，以万物为刍狗①；圣人不仁，以百姓为刍狗。天地之间，其犹橐籥②乎？虚而不屈，动而愈出。多言数穷③，不如守中。

【注释】

①刍狗：古代祭祀物，草把扎成的狗，比喻不分高低贵贱一律平等。

②橐籥（tuó yuè）：风箱。

③多闻数穷：统治者政令烦苛，只会加速败亡。

【译文】

天地不存在偏爱之心，任凭万物自生自灭；圣人不存在偏爱之心，听任百姓自生自灭。天地中间的缝隙，如同一具风箱啊！它的内部空无一物，而它的作用却不可穷尽。它越动，风量越大。人如果多自我卖弄，就会加速衰亡，还不如保持内心的清静空虚。

【品读】

刍狗，是指古人用谷草扎成的用以祭祀天地神灵的狗。刍狗虽结草而成，但祭祀的人却视其有魂灵而装饰打扮并侍奉它们，以求福于天地神灵。待大礼已毕，刍狗的魂灵升入天堂，它也就还原为草，或用火焚烧，或任人践踏。

万物虽然为天地所生，但无一物为天地偏爱。天地统治万物利用的是至诚不移的自然规律，万物的生长发育，只能遵循这一规律，否则就会受到严惩。圣人效法天地，以法治国，法律面前人人平等，任何人违犯法律，就要受到法律的严惩。圣人是由人民推举产生的，是人民的代言人，是法律的执行者和捍卫者。圣人的心中，只能存有『法』，而不能存有『仁』。有了『仁』，就会以自我为中心，用权力代替法律，这样一来，法律就会失去威严，社会就会滋生罪恶，百姓就要遭殃，这才是圣人最大的不仁。

仁是目的，不仁是措施，唯有不仁，才能至仁。天地至仁，用至诚不移的自然规律来体现；圣人至仁，用完善的社会法律来体现。另外，『天地不仁』是万物平等的思想，『圣人不仁』则是人人平等的思想。

天地之间，风霜雨雪，电闪雷鸣，皆为天地二气激发涤荡所致，万物生生不息，无不依赖此气。如果把天地比作一个大风箱，那么人体就是小风箱。风箱的作用在于使炉火更旺。如果用风箱的原理来治身，则生命会更富有激情，生命力会更强。具体要求是『虚』和『守中』，反对『躁动』和『多言』。虚，贵在心意不动，目的在于保持旺盛的生命力即『不屈』。虚并非形不动，而是反对躁动，躁动则『火』灭。

『多言数穷』，是就鼓风的速度和风箱的效果而言，速度太快反而达不到预期的效果。『不如守中』，就是说既要发挥风箱的作用，又要始终把握火候，当武则武，当文则文，『无过而无不及』，以不『屈』、不『出』、不『穷』为度。

就治国而言，这一节要求统治者要虚怀若谷，不可妄言妄动，炫耀自我威风。应始终把握法律这一火候，以至公之治实现至仁之德。

狂言妄语能够给人带来杀身之祸，多言同样能够让你吃尽苦头，故而老子教导大家『多言数穷，不如守中。』老子并不是教人闭口不言，而是要少说多做，因为『言多必失』是一个千古不变的哲理。『病从口入，祸由口出』，在初始交往的过程中谨慎自己的言行是非常有必要的，在讲话时也应注意自己的口气和态度，避免触及他人的利益，毕竟有很多时候『说者无意，听者有心』。

本章阐述的是老子的人人平等思想，而人人平等要靠完善的法律来体现。治理国家绝不能凭借统治者的自我主观意志去任意发挥，必须『以百姓之心为心』，逐步完善法律法规。只有用牢固的法治观念取代统治者的自我『有为』思想，社会才能持久稳定，国家才能健康发展。这就是统治者的『不仁』之仁。

第六章

谷神不死①，是谓玄牝②。玄牝之门，是谓天地根。绵绵若存③，用之不勤。

【注释】

①谷神：生养之道。

②玄牝（pìn）：指雌性动物的生殖器，在此主要是比喻空虚之道。

③绵绵若存：形容『道』的渺渺冥冥。

【译文】

『道』生养万物且变化多端，是永恒存在而不会消退的，这就称为形而上的奇妙的母体。奇妙深奥的母体的门户，就称为天地的根源。它冥冥地存在着，对宇宙万物的作用是没有穷尽的。

【品读】

『谷神』指的是宇宙源起时动的信息。这个『动』产生之后在没有阻碍的情形下就一直延续下去。这相当于伽利略关于运动的实验的结论：一个没有阻力干扰的动点会一直延续下去。古人关于『道』之『动』的观念与伽利略实验所得的观念有所不同，因为古人关于『道』之『动』的观念与其从所有现象中所总结出来的宇宙的逻辑定律箭头『一』发生着关系，以该定律作为其观念的基础；而伽利略实验所得的观念虽然后来成为科学活动的基础，但是其本身却缺少理论基础。按照实际观察得到的关于宇宙的逻辑定律箭头『一』的描述，一切都有一个始点和一个终点。所以对于最初出现的『动』也就可以假设其有一个终点，如此『动』就转变为了一个在有界的轨迹上运动，虽然『动』的趋势可以是无限的，但是其『动点』（老子在二十二章中将其称之为『信』）的运动范围却被转化成了『有限』。『道』正是凭借这样的观念逐渐建立起了一个完美的可以无限膨胀的（有界）宇宙模型。

『玄牝之门』等于第一章的『众妙之门』。老子表示所有的玄妙（微小）因素都通过『门』产生后发展起来的。『门』是古中国人在表述宇宙起源时用得最广泛的形象比喻。『牝』指女性，也指女性生殖器，这里用后一义。老子是在以母性的力量来形象地比喻宇宙生生不息的现象。《老子》整本书都贯穿着其对伟大母性『生』的力量的赞美和尊崇。

谷道中真炁不脱，才能成为化生大道的母体。化生大道母体的门户，就是天根和地根。任其真息往来，缠缠绵绵，若有若无，不可刻意求之。

第七章

天长，地久。天地之所以能长且久者，以其不自生①，故能长生。是以圣人后其身而身②先，外其身③而身存。非以其无私邪？故能成其私。

【注释】

①以其不自生：因为它不为自己生存。

②身：自身，自己。

③外其身：这里是置之度外的意思。

【译文】

天地是永恒存在的。天地之所以能够永恒存在，是因为它们的运转、存在不是为了自身，所以能够永恒。因此圣人把自己摆在后面，结果自己反而会占先；（面临危险时）先不顾及自身，结果反而能保全自己。不正由于他不自私吗？反倒成就了他个人。

【品读】

天地之所以长久，是因为天地都不为自己谋生。天和地是对立统一、不可分离的，天因地而生，地因天而存。天地无私，故能天长地久。无私才合乎自然规律。

世界上的万事万物都是矛盾的统一体，作为万物之长的人也不例外。为了有形的身体而生活，人生价值观自然就是无止境地追求财富，目的在于以有形养有形，满足自我外部感官的需求。这样一来，身体就有灾难了。人的欲望是无法满足的。无尽的欲望会导致阴阳失调，内外失衡，各种疾病接连不断。圣人则不是这样，他明白灵魂和身体的关系，即只有保持灵魂和身体的平衡，才能确保身心健康。因此，圣人不片面追求有形物质来养身，而是先育『法身』。『法身』是灵魂的化身，正气的凝聚。《西派真传》说：『抱吾法身，养吾色身，色法兼养，性命双修。』其结果是法身未现，色身（有形的肉体）却首先得以强壮。因为健康的身体是法身显现的基础。

圣人把色身置之度外，始终关注法身，反而延长了寿命。色身和法身是对立统一的，我无私以养法身，法身无私以治色身，法身存则色身存，法身失则色身亡。

圣人『身先』『身存』之私的实现，是深明先与后、内与外、本与末、人与己的辩证关系的结果。

老子根据宇宙法则揭示了人生法则，而人生法则又贯穿着社会法则。他的『后其身而身先』『外其身而身存』的思想，正是『先天下之忧而忧，后天下之乐而乐』的原形。治理国家，只要时时把人民的利益放在前面，自然能够得到人民的拥护和爱戴，从而体现人生价值，获得人生幸福。为了肉体而活着的人，生命不会长久；为了人民的利益而活着的人，只要是社会存在，他的灵魂就不会消失，因为他永远活在人民心中。

本章是老子的符合利己主义的利他主义思想。利他在前，利己在后；无私在前，成私在后，无私而成其私。老子以天人合一的观念，把宇宙、人生和社会看成一个统一的整体，从而要求人与人之间要爱而忘私、和谐相处，由此而形成利他主义、集体主义的价值观。无私是合乎道的美德，只有用以利他主义、集体主义为中心的价值观来取代以利己主义、个人主义为中心的价值观，人类才能实现整个世界和谐有序的最大私心。

第八章

上善①若水。水善利万物而不争，处众人之所恶②，故几于道。居善地③，心善渊，与④善仁，言善信，政⑤善治，事善能，动善时。夫唯不争，故无尤⑥。

【注释】

①上善：具有崇高美德的人。

②所恶：所厌恶的地方。

③善地：谦虚卑下的地方。

④与：交友、待人。

⑤政：通『正』，为政。

⑥尤：过失、错误。

【译文】

最高的善如同水一样。水虽善于滋养万物却不与万物相争，它常常处于人们所讨厌的（低下）地方，所以也就最靠近『道』。（最高的善人）居住要（像水那样）挑选（低下的）地方，心胸要保持沉稳宁静，交友要真诚相爱，说话要诚实可信，从政要有条不紊，干事要利用长处，行动要抓紧时机。正由于他（像水那样）与世无争，才没有什么过错。

【品读】

上善之人（圣人）具有近似于水的特性。水的行为表现为利于万物而不与万物争利，始终停留在众人所厌恶的低下、隐蔽之处。所以，水具有近似于道的特性。

水的特性也就是圣人的特性。圣人与世无争，一切遵循自然规律行事，不主观妄为，反而获得了别人所无法争到的东西，这正是不争之争。一个始终按客观规律办事的人，自然不会有过失。

老子的『不争』，并非是让我们消极避世，而是让我们能够以冷静的心态面对那些没有意义的纷争，省出更多的时间做更有意义、更有价值的事；是让我们不要去争一时的高下，而是积蓄力量去争取人生更长远的成功。

在本章中，老子用水之特征和作用来比喻最优秀的领导者所应该具有的人格特征。水最基本的特征和作用主要有四点：一、柔弱；二、水善于趋下，善于处在低下的位置；三、包容、宽容，小溪注入江河，江河注入大海，因而水具有容纳同类的无穷力量；四、滋养万物而不与之相争。老子认为，最优秀的领导者，具有如水一般完善的人格。这样的人，愿意到别人不愿意到的地方去，愿意做别人不愿意做的事情。他们具有骆驼般的精神和大海般的肚量，能够做到忍辱负重、宽宏大量。他们具有慈爱的精神，能够尽其所能去帮助、救济别人，甚至还包括所谓的『恶人』。他们不和别人争夺功名利益，是『善利万物而不争』的王者。

有纷争就会产生矛盾，有矛盾就会造成伤害，我们只有让内心平静下来，将那些引起争吵、纷争的事情看得淡了，才会如老子所说『夫唯不争，故无尤』。

第九章

持而盈①之，不如其已②。揣③而锐之，不可长保。金玉满堂，莫之能守。富贵而骄，自遗其咎④。功遂身退，天之道也。

【注释】

①盈：满。

②已：停止。

③揣（zhuī）：捶打。

④自遗其咎：自己留下的灾祸。

【译文】

拿着装满的杯子，不如放下；敲打铁器让它锐利，不能长期维持。黄金宝玉填满屋舍，没人能永恒保留；有钱有势的人骄傲自大，会自取祸害。功成名就则急流勇退，才合乎自然规律。

【品读】

行事之功在于持而不盈，倘若盈之，不如停下来不做，否则劳而无功反而有祸。『持而盈之』，反映的是功事已到了一定限度。『不若其已』，要求主观愿望应符合客观规律，应知及时自我收敛。

借用外力使虚弱、疲软的东西坚强、挺拔，是不能保持长久的。『揣而棁之』，是说只强调外因而不顾及内因。『不可长保』，说明内因是事物发展的决定性因素。道德功的修炼，正是强调内因作用，只有加强内在修养，蓄浩然正气，才能确保生命之树长青。

功遂身退，天之道。日中则昃，月盈则亏，这是自然规律。事业已遂，力量至极，则引身退后，这是自觉遵循自然规律。知进而不知退者，祸必及身。

世间伟人，一旦达到事业的顶峰，完成其历史使命，就应该效法自然，主动退位让贤。『功遂身退』是主动的、积极的。在圣人之治的社会里，不存在功高盖主而危及生命的现象。封建士大夫们所奉行的明哲保身，归隐山林，是被动的、消极的。

本章是在宣扬适可而止、恰到好处的观念。探索宇宙的起源是一个庞大工程，一个人耗尽一生可能都不会有什么成就。要想有点成就，就得做到适可而止，使一切恰到好处。探索宇宙起源之所以困难，在于『数』太多太大，属于大数和素数的研究范围。『功成、名遂』是要进入『非常道』范畴，『身退』是指从『非常道』范畴退回到『常道』范畴。另外，老子认为，把适可而止、恰到好处的观念引申到社会生活的范围也同样是适用的。

第十章

载营魄抱一①，能无离乎？专气②致柔，能如婴儿乎？涤除玄鉴③，能无疵乎？爱民治国，能无为乎④？天门开阖⑤，能为雌⑥乎？明白四达，能无知乎？生之畜之，生而不有，为而不恃，长而不宰，是谓玄德。

【注释】

①载：用作助语句，相当于『夫』。营魄：即魂魄。抱一：即合一。

②专气：集中精气、排除杂念。

③涤：扫除、清除。玄：奥妙深邃。鉴：镜子。

④能无为乎：即无为而治。

⑤开阖：即动静、变化和运动。

⑥雌：即宁静的意思。

【译文】

精神和形体结合，能不分离吗？凝结精气，致为柔和，能像婴儿那样吗？摒除内心的杂念，能没有一点缺陷吗？爱民治国，可以遵循自然吗？耳目口鼻等感官一张一合，能有母性的安静柔弱吗？知书达理，聪明过人，能不要心机吗？道滋长万物、养育万物，却不占为己有，有所施为而不期待回报，助万物之长而不主导它们，这就是精微奥妙的德了。

【品读】

凡产生了的事物，就需要有让其存在的空间。为了让种种事物有存在的空间，心法的基本方式就是要让心『空』起来，也就是达到『无』的境界，然后把事物在心中有序地安排起来。老子以反问的形式列举了几种使心达到『无』然后再进行处理的事情。这种列举是无限的，方法就只是使心达到『无』的境界而已。『无』的境界与宇宙产生前的境界在逻辑本质上是一致的。

魂的成长，既受到灵的制约，又受到后天环境影响。修炼道德功，目的就在于使灵魂『抱一』。修道以育灵，在于开发潜意识；修德以育魂，在于培育显意识。人不修炼道德功，则灵潜伏于内，受制于魂。魂统治灵，则以自我为中心，认识问题必然带有局限性、主观片面性。

『载营魄抱一，能无离乎？』是说灵与魂能否和谐统一，是身体健康与否的关键。灵、魂和则正气聚，正气聚则法身成，法身成则身心健康。色身如车，装载灵魂。无灵魂主宰的色身是僵尸，无色身装载的灵魂是虚气。同样，人泯灭了心灵是魔鬼，心灵不以魂起作用则是傻瓜，是没有能动性的动物。人是由色身、灵、魂组成的，只有三者和谐统一，才能成为真正意义上的健康的人。

就国家而言，国家是由国土、被领导者和领导者组成的，其成分分别相当于人的色身、灵和魂。领导者脱离了人民的制约和监督，则是魔鬼，是『国之贼』；人民脱离了领导者合乎『道』的管理和指引，就会陷入无政府主义的混乱状态。只有领导者和被领导者同心同德，国家才能健康发展，否则，国家就会处于动乱，最终导致灭亡。

气，是天地万物赖以生存的大自然之气，也是人的呼吸之气。大自然之气有内外沟通、相互循环的特性，把天地万物融为一体。所以，人体的健康状况直接受大气的影响。『专气致柔，能婴儿乎？』就是要求在呼吸上用功夫，炼精化炁，炼炁化気，结成『朴胎』。朴胎即结，须时时小心呵护，直至朴成。朴成，则以朴治身。朴就是法的化身，若能牢守法身，法身也就能牢守色身了

静坐之时，要扫除大脑中的一切私心杂念，达到身如槁木，心似死灰。如果存有丝毫分心，就不会进入道境。于道境之中直观道体，体悟世界的本质和规律，就能消除不合乎道的观念、行为。

『天门』，朴身出入之门户，位于头顶正中，其下为泥丸宫。朴胎结于下丹田，待十月功满，移入泥丸宫。此时，朴如同刚刚脱离母体的婴儿，十分娇嫩，需用心抚养，细心呵护，使之健康成长。滋养到一定程度，天门自动开阖，朴由此出入。出入之初，只让其在近处活动，并很快收回。渐渐地使其活动时间

由短到长，距离由近到远，出入次数也由少到多，经过长期地锻炼，朴可以出入自由。朴成即可遨游宇宙。彻悟大道，窥破天机，练就六通神功，能够不自我炫耀，一切按客观规律办事吗？修炼道德功达到一定境界即可参破天机，能追忆过去，预测未来。然而，未来之事有其发展的自然过程，泄漏天机会给社会带来混乱。因此，老子特意强调，尽管『明白四达』，也要甘守『无知』。

『生而不有』，是无私之德；『为而不恃』，是无争之德；『长而不宰』，是无为之德。无私，无争，无为，正是大道之性，合乎道的思想、行为就是玄德。玄德又称『阴德』，具备玄德，真朴乃成。

本章是修道育朴的方法和过程，从『载营魄抱一』到『明白四达』，境界是逐步提高的。道的境界和自我之德是同步的，『玄德』表明自我之德与道合一，是德的最高境界，具备了玄德，也就具备了科学的世界观、人生观和价值观，这是朴身显现的前提。

第十一章

三十辐共一毂[1]，当其无，有车之用。埏埴[2]以为器，当其无，有器之用。凿户牖[3]以为室，当其无，有室之用。故有之以为利，无之以为用。

【注释】

①毂：车轮中心穿轴的部分。

②埏：和、揉。埴，黏土。

③户牖：门窗。

【译文】

三十条车辐拱卫着一个毂，因为毂的中空能承担轴，才可发挥车的作用；混合陶土制成器皿，因为中空，才发挥器皿的效用；建筑房屋、开凿门窗，由于门窗的虚空才发挥居室的效用。所以，『有』给人带来的用途，全靠『无』的作用。

【品读】

『有』，因为有物质存在，我们可以取用这些物质，这种情形对人而言可以称之为『利』；『无』，虽然没有物质存在，却有空间供我们使用，这种情形对人而言可以称之为『用』。古人崇尚以心法达到『无』的境界，这是一种逻辑上的境界。实际上，现代科学也广泛使用『无』的概念，比如物理学上的『虚功原理』。可惜的是，现代科学一直不敢将『虚功原理』推向宇宙整体，以至于在解决宇宙起源的问题上一直止步不前。古人将『有』作为宇宙整体，将『无』作为宇宙整体的对立面，解决了宇宙起源的问题。『无』虽然是什么都没有，但它却是宇宙学中的宇宙天平上不可或缺的砝码。

当车的重力施于车轴时，车轴就会通过轮毂均匀地分配给每一根辐条。辐条在轮毂和轮辋的作用下，形成合力，承担起单根辐条所不能承受的压力。这样，车轮才旋转不息，完成负载，从而发挥车的巨大作用。

用黏泥烧制陶器，使之中空，用来盛物，这是制作陶器的目的所在。器小有小器之用，器大有大器之用，无形的空间决定了陶器的使用价值。

人们建造房子，必须开辟房门，使住房者出入自由；开辟窗户，使光照充足，气流畅通，才不会伤害住房者的身体健康。

通过以上三个论据可以看出，车子、陶器、房子都是『有』，而体现它们自身价值的却是『无』。『有』和『无』的关系，就是『利』和『用』的关系。『利』是使用价值的前提条件，『用』是使用价值的决定性因素。所谓『有无相生』，就是『利』和『用』是相辅相成、不可分割的，有『有』就有『无』，有『实』就有『虚』，在时间上没有先后，在主次上没有本末。然而，我们看待问题的时候，必须以『无』为本，以『有』为末，崇本而举末。这是因为，我们处在『有』的层面，只有守住其对立面的『无』，才能利于『有』。如果以『有』为本，以『有』治『有』，就会加速『有』向『无』的方面转化，这是不符合辩证法的。

就治国而言，其根本在于神圣的法律，而不是有为的统治者。只要具有了高度的政治文明和精神文明，国家自然有持久的繁荣和稳定。期待英雄的时代是强盗的时代，是愚昧的时代，是人民还没有真正觉醒的时代。

本章的中心是『有之以为利，无之以为用』。事物尚且如此，何况人呢？在这个瞬息万变的社会，无时不需要知识、咨询，无时不在吸取养分。所以心要空，也就是所谓的虚怀若谷，这样就能吸收无尽的知识资源，容纳各种有益的意见，从而使自己丰富起来。

第十二章

五色令人目盲；五音[①]令人耳聋；五味令人口爽[②]；驰骋畋猎，令人心发狂；难得之货，令人行妨。是以圣人为腹不为目。故去彼取此。

【注释】

①五音：为宫、商、角、徵（zhǐ）、羽，这里代指纷繁的音乐。

②口爽：味觉差失。

【译文】

五彩缤纷华美的色彩，容易使人应接不暇；振聋发聩的音乐声响，容易使人听觉不灵；丰富美味的食品，容易使人舌不知味；纵情狩猎，追赶猎物，会使心情放纵发狂；稀少珍宝之物，会使人行为不轨。所以，圣人只求口腹温饱，不妄求耳目的娱乐，所以舍弃物欲的诱惑而维持安定知足的生活方式。

【品读】

老子在此章继续列举防碍心法达到『无』的事例，要注意的是这种列举可以是无限的，所以这种列举方式实际上已衍变成了一种行文的方式。另外，需要特别注意的是，人们处于常道之中，所以把常道作为『此』。然而，老子因为专门研究非常道，所以把非常道当作『此』，把常道当作『彼』。当然，老子的这种结论是由其心法所成就的。

大象无形，目不可视，只因五色乱目，使人迷失了心灵的家园。尽管有形世界，风光无限，但是眼睛的视野，相对于心灵的视野来说，是有局限的。人们只执着于五色世界，却忽视了精神世界，而心灵的失明，才使人真正迷茫。

大音希声，耳不能听，只因五音乱耳，使人失去了大道的声音。大道的声音其实才是最真实、最动听、最感人的。人们只执着于外在的声音，忽略了心灵的呼唤。而心灵的失聪，才使人真正寂寞痛苦。

人们贪求口福，喜欢山珍海味，只去满足口感的需要，然而却违背了心灵的渴求。心灵所渴求的是淡而无味却又韵味无穷的大道。

追求『五色』『五音』『五味』，只是为了满足外部感官的需求，忽视的却是心灵的渴求，违背了『利』和『用』的辩证关系，其结果必然是心灵过早地枯竭，肉体过早地腐败。

审视是反向思维，是对本体世界的客观反映。认识的条件就是通过修炼道德功进入道境，只有进入这一境界，才能知常人所不知。为目，通过目视来认识现象世界。目视是扩散思维，是对外部世界的认识，这一功能，为人人所具备。『为腹』的目的是通过对世界本质的认识直接把握普遍规律，『为目』则只能通过对外部世界具体事物的认识来总结规律并通过实践来检验。内部世界和外部世界是互相对应、互相联系、息息相通的，只要认识了内部世界，也就认识了外部世界。相反，只把目光停留在对外部世界的认识上，那么，世界的本质及其规律就永远无法揭示，神秘主义也就将永远神秘。所以，老子强调要去彼（为目）取此（为腹）。认识外部世界的主体是自我，认识内部世界的主体是心灵。要想认识自身内部世界，就必须通过修炼道德功来超越自我，解放心灵。

本章揭示了『为腹』与『为目』的辩证关系。实际上就是把上一章的『利』和『用』关系归结到人体科学上来。表明了老子以道为本的微观认识论。

老子针对当时社会中人丧失自我于物欲、迷失本性于世俗的现象，阐述了修身养性的道理。他认为『圣人为腹不为目，故去彼取此』——圣人对生存条件的要求并不苛刻，他们没有过多的贪欲，只追逐内心的满足。

像老子这样对人与社会认识透彻的人，对于人生的态度是不会过于激进的。他们知道人事的微妙和社会的错综复杂，如履薄冰是他们真实的感觉，很少有放松的时刻。烦恼都是因事情而起，而好事也绝非那么的单纯。人们眼中的美事儿有许多都是虚幻的，它们能让人逐步堕落。过分地追逐物欲只能给人们带来一时的快乐，而引发的祸患却是长久的。

第十三章

宠辱若惊，贵大患若身①。何谓宠辱若惊？宠为下，得之若惊，失之若惊，是谓宠辱若惊。何谓贵大患若身？吾所以有大患者，为吾有身，及吾无身，吾有何患？故贵以身为天下，若可寄天下；爱以身为天下，若可托天下。

【注释】

①若身：如同身家性命一般。

【译文】

不管是受宠还是受辱都让人感到很惊恐，把荣辱这样的大患看成与自身生命一样宝贵。什么叫得宠和受辱都感到惊

恐呢？受宠是低下的，得到宠爱感到惶恐不安，失去宠爱也令人惶恐不安。这就称为得宠和受辱都感到惊恐。什么叫作看重大患像看重自身生命一样？我之所以有大患，是由于我有身体，假如我没有身体，我还会有什么祸患呢？所以，爱护自己的身体是为了统治天下，天下就能够托付他；珍惜自己的身体是为了管理天下，天下就能够依靠他了。

【品读】

人之所以有惊恐之感，是因为有荣辱观念；之所以有荣辱观念，是因为以自身为贵。以自身为贵，就是以大患为贵。以自身为贵，必生名利之心。有名利之心，必生贪争之念。有贪争之念，必有大患。

什么是『宠辱若惊』呢？在有些人看来，人得宠则荣，荣则名利双收；受辱则贱，贱则无名利可图。这种观念都是社会意识形态造成的。在老子看来，因得宠而惊喜的人，是喜名利、贵自身的人，这种视宠为上的人，正是卑下之人。因得宠而惊喜，因失宠而惊恐，完全是名利之心在作怪。重名利的人，目光在外；淡泊名利的人，目光在内。目光在外的人，近名利而远人民；目光在内的人，近人民而远名利。远人民的人必有祸患，近人民的人必然获得人民的爱戴。

什么是『贵大患若身』呢？我之所以有大患，因为有自我观念，以自身利益为重。但如果我到达忘却自我的境界，超越了功利、荣辱、得失，乃至生死，我哪里还有祸患呢？所以，如果人民把治理天下的权力托付给我，那么，我一定以贵己之心贵天下人民。人以权为贵，贵天下人的人，必然让权力属于人民；如果人民把谋求福利的希望寄托于我，那么，我一定以爱己之心爱天下人民。人以福利为爱，爱天下人的人，必然让福利属于人民。

本章是老子的政治论。论证了荣辱、贵贱、上下、得失的辩证关系，说明贵吾、爱吾的人有惊恐之灾、丧身之祸；贵民、爱民的人得天下之贵、天下之爱。这充分体现了老子的贵民、爱民思想。治国之道也是治身之道，二者同一道理。

面对得失成败，不同人有不同的态度，但患得患失是不少人的通病。面对得失，斤斤计较，瞻前顾后，犹豫不决，吃着碗里的，看着锅里的，『得之若惊，失之若惊』。

古人云：世事如庭前花，花开也有花落；又如天边云，云舒也有云卷。何必患得患失，终日萦挂于怀呢？观世间万事，既得之，则安之；既失之，亦安之。不患不得，亦不患得而复失。这是一种自然、旷达、超然的人生智慧。

第十四章

视之不见，名曰夷①；听之不闻，名曰希②；搏之不得，名曰微③。此三者不可致诘④，故⑤混而为一。其上不皦，其下不昧，绳绳⑥兮不可名，复归于无物。是谓无状之状，无物之象，是谓惚恍。迎之不见其首，随之不见其后。执古之道，以御今之有⑦，能知古始⑧。是谓道纪⑨。

【注释】

①夷：灭。即无形之意。

②希：静。即无声之意。

③微：无。即无体之意。

④致诘：推问，寻求。
⑤故：通『固』，本来，原本。
⑥绳绳：渺茫、幽深。
⑦有：指各种具体事物。
⑧古始：『道』的开始。
⑨道纪：道的纲要，道的规律。

【译文】

眼睛见不到的，称为『夷』；耳朵不能听到的，称为『希』；手不能摸到的，称为『微』。这三种东西不能具体区分出来，因此混为一体。它的上面不光明，下面不阴暗。渺茫幽远不可名状，又回归到无形。这称为没有形状的形状，没有影像的影像，叫作恍惚。迎上去，看不见它的开始；跟着它，看不见它的末尾。按照从前的『道』来看待现在事情，能认识到宇宙的开始，这就叫作『道』的规律。

【品读】

老子在本章描绘了以心法所达到的『无』的境界，指出了『无』的境界是一种没有任何现象的现象。然而，一切却可以从这种『无』开始，且其始点也就是再生的宇宙的始点，也是『道』的始点。宇宙的始点就是这样被找到的，因为这个再生的宇宙作为一个宇宙模型在逻辑上等同于现实宇宙。古人认为这是人在逻辑上所能达到的至极点，因为人的逻辑已与宇宙的逻辑本质完全一致了。这也被古人称为『天人合一』。这个始点在数的方面被表述为『一』，此后每增加一个点就加『一』，如此，一个关于数的宇宙模型就因此可以建立起来了。

『视之不见，名曰夷；听之不闻，名曰希；搏之不得，名曰微。此三者不可至诘，故混而为一。』这大概就是老子于道境之中对人体基因组直觉后的体悟。『夷』（场）、『希』（信息）、『微』（微物）这三种成分不可过细地划分，它们共同融合成一个整体，即细胞。细胞是宇宙的缩影，它蕴藏着宇宙的一切奥妙。

『其上不皦，其下不昧。』是说道的境界是清晰、明净的，其上面不耀眼，下面也不昏暗。你所察觉之景，无上下内外之分，无视觉阻碍，只是一派立体的灵明。

『绳绳兮不可名，复归于无物。』前一个『绳』是动词，即结绳。后一个『绳』是名词，即绳子。『绳兮不可名』，十分形象地说明了人体基因组的结构及运动形式。人体细胞的细胞核中包含着来自父母的阴阳两套染色体，基因组就是染色体上的基因，它按一定的顺序排列而成，呈双螺旋结构，如同一条不停扭动的绳子，这也就是首章所说的『玄之又玄』。『不可名』，是说没有办法为它具体命名。老子看来无法命名的东西，却被现代科学命名为人体基因组，成为人人皆知的名字。随着科学的发展，老子所创建的宏伟的哲学大厦之门，必将逐渐为人们所开启，并为整个人类带来无上的福音。

修道者执着于古人所遵循的认识世界的道路，用来抵御只追求外在名利的思想观念。之所以能够知道远古万物的起源并认识它们发展变化的规律，是因为『道』作了真实的记录。这是说，人体基因组是一部记载着宇宙万物和人类历史的活的百科全书，只要具备了破译基因密码的能力，也就掌握了世界，掌握了自我命运。

本章是老子对人体基因组所做的具体、生动、形象的描述，表明了道是认识真理的真正源泉。老子号召人们『执古之道，以御今之有』，不要再在违背自然规律的道路上走下去。当今人类应当体悟老子思想，走返璞归真之路，遏制社会只片面追求物质文明而给人类的生态环境带来严重毁坏的局面产生。

第十五章

古之善为士①者，微妙玄通，深不可识。夫唯不可识，故强为之容②：豫③兮！若冬涉川。犹④兮！若畏四邻。俨兮！其若客。涣兮！其若凌释。敦兮！其若朴。旷兮！其若谷。混兮！其若浊。孰能浊以静之，徐清。孰能安以动之，徐生。保此道者不欲盈⑤，夫唯不盈，故能蔽⑥而新成。

【注释】

①士：道。

②容：形容，描述。

③豫：小心，迟疑慎重。

④犹：警觉，戒备。

⑤不欲盈：不要求圆满。

⑥蔽：同『敝』，破旧的意思。

【译文】

古代善于修道的人，细心而又通达，达到了高不可测的境界，所以普通人无法理解，只能勉强加以形容。

他立身处世十分谨慎，似乎在冬天踩着冰过河，恐怕失足；他的言行举止小心戒惧，恐怕遭到邻人非议；他待人处事庄重拘谨，如同到别人家中做客一样正襟危坐；他潇洒无羁，似乎冰块缓缓消融；他敦厚老实，似乎未经雕琢的木材；他内心宽容大方，像深邃山谷一样虚怀；他浑厚宽容，就像混浊的江河能容纳一切。谁能使浑浊平静下来，慢慢澄清？谁能在长久的安定中变动起来，慢慢显出生机？能掌控这一切静、动、清、浊道理的人不会自大，正因为他不自大，故能去旧布新，去腐更生。

【品读】

『善为道者』，指在修道方面有造诣的人。『微妙玄通』，指他已经进入识玄的境界，思想意识已经和『道』相通。这样一来，他就具备了奇妙的、高深莫测的特异功能，以及一些不能为常人所理解和接受的观念、行为，故说『深不可识。』正因为深不可识，所以常人只能勉强地描述一些他的外在形象。

『善为道者』潜心修道，始终谨慎小心。进入高层境界，理应欢乐、庆贺，但在成绩面前却没有表现出半点的骄傲情绪，始终保持高度的警惕性，就像是冬天踩冰过河一样，必须时刻小心，以防陷入危机之中。

『善为道者』与世人相处，无门户、宗族观念，无荣辱、贵贱之分，对人团结友爱，虔诚有加。『若畏四邻』，不是害怕四邻，而是以礼相待，他不因为有超常的智慧而傲视四邻，相反却主动接近他们，以沟通情感和意志，体现的是谦下之德。

修道有成的人，对练功的态度是严肃的，表情是庄重的。他以朴为主人，自我不敢妄作妄为。他爱人如己，敬重他人，不做违背道德的事。所以，他是一位德高望重的人。

修道之人安心静坐，排除恩恩怨怨和名利之欲对心灵的干扰，使真气贯通全身，会有浑身温暖如蒸、酥软融融的感觉，直至忘我，这正是涣然冰释的印证。有道之士悟证了这一道理，在人生中就不会为身外之物所牵绊，从而全心投入到行道的事业中去。

大道是至诚不移的，有道之士始终以大道来充实内心世界，使忠厚之德不断升华。因此，他给人的印象必然是至诚不欺、忠厚朴实的。

有道之士既然彻悟大道，有天地般的胸怀和志向，自然不会执着于个人的名利得失，而是以忘我的精神，想人民之所想，急人民之所急。这在有些人看来，劳碌一生不为名利，无异于傻子。其实，真正愚笨的是那些执着于个人名利的人。

识道在于守静，守静才能逐步转变以名利为中心的价值观念。随着价值观的转变，人们对社会上的不道德现象得以逐步认识，济世安民的伟大志向也就随之形成。这一节，是老子对世道的忧心和对仁人志士

的呼唤。

本章通过对『善为道者』的形象描述，体现了有道者的伟大人格形象，说明了道德功的本质和巨大功用。

第十六章

致虚极，守静笃。万物并作，吾以观复。夫物芸芸，各复归其根。归根曰静，静曰复命，复命曰常。知常曰明，不知常，妄作凶①。知常容②，容乃公，公乃全③，全乃天，天乃道，道乃久，没身不殆。

【注释】

①妄作凶：恣意妄为必招致凶险灾难。

②常容：一定的（生命）现象。

③公乃全：坦然公正才能使天下归顺。

【译文】

达到极端的无形，守住深厚的平静。万物都在蓬勃生长，我从中观察它们的交替往复。万物纷繁，都会回归到它们的源头。回归源头就叫静止。静止就是回归本性。回归本性就是事物发展的原则。知道这种法则就是明智。不知道这种法则，随意妄为就会导致灾难。知道这种法则就能包容一切，包容一切就能公正，公正就能使天下归服，天下归服就能合乎自然天性，合乎自然天性才称为道。得道才能永恒，一生不会有危险。

【品读】

心法的目的就是为了能做到『观复』。宇宙从始点运行到每一个『我』的整体过程可以被看成一条逻辑轨迹，可以称之为『根我』。而每一个『我』反溯至宇宙始点也可以被看作一条逻辑轨迹，可以称之为『我根』。轨迹『我根』与轨迹『根我』若能够重合起来就可以说达到了『观复』的目标。如果人能在逻辑上完成『我根』的轨迹，又能够在这个基础上完成『根我』的轨迹，就可以叫作『复命』。『命』指的是宇宙的『根我』的轨迹，也可以称之为『始终』的轨迹。宇宙的运行在逻辑上就只有『始终』一种方向。然而，人的逻辑却可以在『始终』的轨迹上反反复复。如此反复不但能使人找到宇宙始点，还能最终认识到宇宙整体。宇宙整体可以用『道』字来统称，这个『道』字也可以用其他字『等量代换』，即常、容、公、全、天、道、久。

虚己以待物，虚魂以待灵。魂虚则灵实，魂静则灵动。虚极则自失，静笃则忘我。自失并不等于忘我，自失是静坐中自我躯体在意念中消失，一切知觉全无，但自我意念还存在。忘我则是进入道的境界，自我意念完全被道的景象所吸引，情不自禁，万虑顿失，一灵独存。守虚至诚，守静至笃，才能进入道的境界。以笃诚之心反观内视，以不变观万变，这就是修炼道德功的存想术。

道境之中，我得以反复观察万物从生到死的发展过程。大千世界，芸芸众生，无不归结到大道这一根源。魂守静则元神动，元神动则元气长。率元神以长元气，可谓懂得了自然法则。懂得了自然法则，才能自我宽容，不以意气用事，不出乱子；宽容则不偏私于任何一个器官，让真气公允地沐浴每一个细胞；公允地沐浴每一个细胞，才能保全整个身体的健康；只有完全的身心健康，才能达到天人合一的境界；有了天人合一的境界，就会遵大道而行；遵大道而行，生命才会长久，且终身没有危害。

本章是老子对养生之道的阐述和论证。宇宙万物各归其根，然而归根必须复命。精须神守，有神守护的生命才会充满活力。总之，欲归根、复命，须守虚、守静。

第十七章

太上[①]，不[②]知有之；其次，亲而誉之；其次，畏之；其次，侮之。信不足焉，有不信焉。悠兮，其贵言[③]。功成事遂，百姓皆谓「我自然」。

【注释】

①太上：最好的统治者。

②不：（人民）不知道。

③贵言：慎重其言，很少开尊口。

【译文】

最好的君主，用无为的方式办事，实行不言的教化，人民甚至不知有他的存在。其次的君主，人民亲近他，赞赏他。再次的君主，人民害怕他。最次的君主，人民鄙视他、抵抗他。君主不守信用，人民自然就不会信任他。最上等的国君，每天都悠然自得。他不发布命令，事情办成功了，人民却不懂这是君主所赐，反而说「我们本来就是如此的」。

【品读】

老子在本章指出了心法的最高境界就是『不知有』。『有』指的是宇宙万物的自然状态，『知』指的是宇宙万物与人的关系。而心法的要求是把『有』和『知』统统去掉，从而达到『无』的境界。对于心法，有信与不信的问题。老子认为，对心法若取『信』的态度，就能够达到『无』的境界并找到『信』；反之，就不能达到『无』的境界，也找不到『信』。老子把『信』作为宇宙的最小信息单位元，也就是宇宙的最小动态单位『动点』，并在第二十一章做了说明。

真正的得道高人，有着出神入化的功夫，但他从不炫耀自己，即使天天和他在一起，也认不出他的真正面目，正所谓『真人不露相，露相非真人』。道家弟子称老子为『太上老君』『元始天尊』，这是后来的事情，当时大概没有谁亲眼看见过老子显示神通，以至于老子的身世到现在还是一个迷。

在世界上，仅处于『太上』人之下的，最具有代表性的人物当属于耶圣、穆圣和佛祖。他们都是得道之士，属于唯心主义哲学大师。但他们却都不是博学之士，那么他们的哲学思想是从哪里来的呢？这就是直觉思维。直觉思维的对象就是人体基因组这一天书，这也正是他们思想理论的源泉。耶圣的『天堂』，穆圣的『天启』，佛祖的『涅槃』，就是老子的『道』，只不过境界有高低罢了。为什么说他们是『其次』呢？这是因为他们对于道境中出现的景象缺乏理性思维，还认识不到『物中之精，精中之信』。所以使自己的学说成为唯心论。见神不见物，自然不能为人类指出一条『长生久视』的康庄大道。然而，由于他们的思想贴近时代生活，贴近人们的心灵需求，人们感其德，叹其功，惊其神迹，自然『亲而誉之』。

道是客观存在的，但是，求道的路程是艰难而漫长的，非有诚心和恒心不可。世上有的人相信却意志不坚，最终与大道无缘。有的人根本不信道。真正的修道之士，平时悠然自得，默默无闻，即使功成事遂，周围的人也难以发现他圣人的面目，这是因为圣人从不自我炫耀。

本章是老子对天下修道者的分类。修道者的境界不同，世界观就不同，有什么样的世界观，就有什么样的方法论，造就什么样的人生。真正悟透天机的『太上』之人，已经认识到了历史发展的自然过程，大道的推广、普及要等待时机，不能违背自然规律。

为人，首先要学会做人，其次是学会做事。然而，无论是做人还是做事，人们都离不开一个『诚』字。古代做生意讲究童叟无欺，现代做生意讲究诚信为本；古代交朋友讲究肝胆相交，现代交朋友讲究一诺千金。怪不得老子一直告诫我们，『信不足焉，有不信焉』，让我们在做人方面一定要紧守诚信美德。因为诚信可以让我们交更多的朋友，让我们获得更多的信赖，使人生之路更加顺畅。

东汉的许慎在他所著的《说文解字》中说，『诚，信也』，又说『信，诚也』。由此可见，『诚』和『信』，无论是单独使用还是相连使用，在古代都是同一个意思。诚实守信无论是在古代还是现代，都具有十分重要的意义。

一个人要做到诚信并不是一件简单、容易的事情，必须具备诚信的世界观，养成了诚信的品格才能做到。一个人要做到诚信，就需在生活、学习和工作中，处处以诚为本，凡与诚信相符者就做，与其相悖者坚决不做。如若不然，必将一事无成。

第十八章

大道废，有仁义；智慧出，有大伪；六亲[1]不和，有孝慈；国家昏乱，有忠臣。

【注释】

①六亲：指父、子、兄、弟、夫、妻，此指家庭关系。

【译文】

大道被废止了，才有倡导仁义的需要；出现了聪明智慧，伪诈才得以产生；有家庭纠纷，才能体现孝与慈；国家陷于动乱，才能显出忠臣。

【品读】

大道，指合乎自然规律的治身之道和治国之道。仁义，仁爱和正义，是人类最美好的思想品德。智慧，是辨析判断和发明创造的能力，也是人区别于兽类的主要标志。

老子深明矛盾的对立转化规律，矛盾双方是互相对立、互相依存的，只强调一个方面，矛盾必然会向其相反的方面转化。脱离了大道而强调仁义，就会出现不仁不义；脱离了大道而强调智慧，阴谋诡计就会相伴而生。人们赞美仁义，

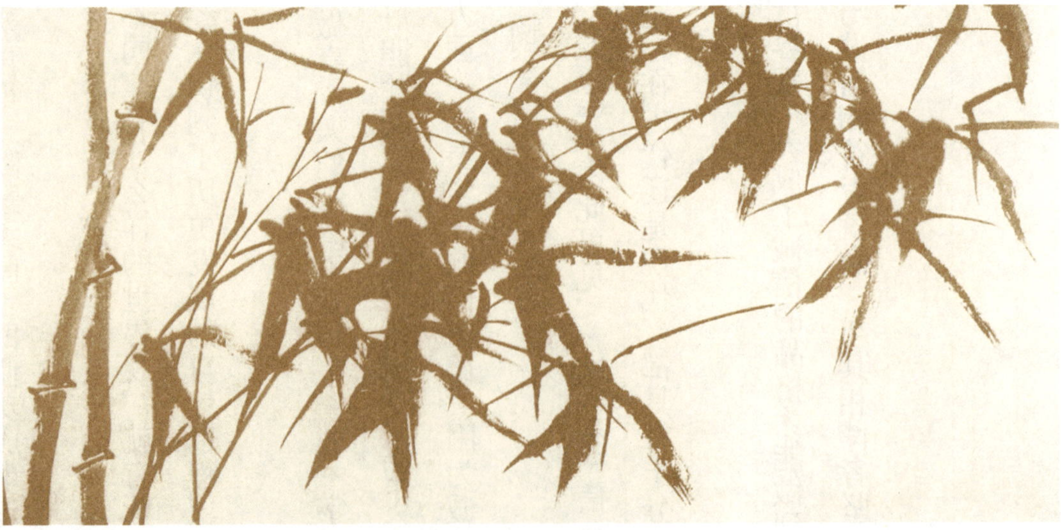

渴求智慧，是因为身处大道废弛、社会纷乱、人性贪婪的时代。如果社会本身至纯至朴，人人都是真善美的化身，仁义、智慧就不会有人强调了。就像身体健康的人，不会去感激良医；内心世界丰富的人，用不着寻求外来刺激。这里，老子所要说明的是，舍大道而强调仁义、智慧，是舍本取末、背道而驰。仁义、智慧虽不失为一服治世良药，但治标不治本。何况，有良药，就会有假药出现。假药可辨，假仁假义则不易识破。强调仁义、智慧的作用，是站在『有』的层面上的说法，不懂得辩证法的精髓，关键是没有体现『无』。老子谈道论德，是要求人们树立合乎道的思想观念，通过自身实践来把握世界的本质规律，用来指导人们正确处理人与自然之间、人与人之间以及自我与真我之间的矛盾。

孝慈之人和忠臣，都是受到人们尊敬的人。家庭需要孝慈之人，国家需要忠臣，然而孝慈之人和忠臣的背后却是家庭不和、奸臣当道，这又是人们所不愿看到的。治国和治家，道理其实是一样的，都应该从根本上去解决问题。不改变传统的价值观念，不端正人的道德意识，只强调孝慈之人和忠臣的作用，『六亲不和』『国家昏乱』的现象就永远不会改变。

第十九章

绝圣弃智，民利百倍；绝仁弃义，民复①孝慈；绝巧②弃利，盗贼无有。此三者以为文③不足。故令有所属④：见⑤素抱朴，少私寡欲，绝学无忧。

【注释】

①复：回复。

②巧：先进技术。
③文：文饰，表象。
④属：归属。
⑤见：通"现"，显现。

【译文】

舍弃聪明和智能，人们才可得到百倍的利益；舍弃仁道和义理，人们才可能回到孝慈之心；与先进技术隔绝，舍弃私欲，盗贼也就不会产生。以上"圣智""仁义""巧利"三项全是消极无为的巧饰，它们作为管理社会病态的法则是不足的。因此要使人们的思想认识有所归属，维持纯洁朴实的本性，削减私欲杂念，摒弃圣智礼法的浮文，才能避免忧患。

【品读】

"绝圣弃智"，意思是弃绝"以智治国"的政治体制。人的本性就是真纯质朴、清静淡泊的，是文化在赋予人类知识和智慧的同时，改变了人类的天性。老子认为，抛弃那些"文明垃圾"，人才能恢复本真。

仁义思想是站在有为的层面上设言施教，引导人们弃恶从善，化解社会矛盾。但这是主观片面的。在阶级社会里，仁义与否只能以统治者的利益标准来衡量。因此，仁义必然会成为统治阶级剥削和压迫人民的精神工具。"绝仁弃义"，是对套在人民头上的精神枷锁的彻底否定。

"巧"，这里是机巧、欺诈的意思。"利"，是利己主义。以利己主义的人生观来指导人生，在物质利益的诱惑下，不择手段的强盗、惯偷自然出现。"绝巧弃利"是对个人名利思想的彻底否定。

以上三句，指出要想『民利百信』『民复孝慈』『盗贼无有』，就必须『绝圣弃智』『绝仁弃义』『绝巧弃利』。

『绝圣弃智』『绝仁弃义』『绝巧弃利』，是解决社会矛盾的三种具体方式。然而，只用文字来说明是不够的，还要让它们归结到具体的措施上来，那就是『见素抱朴，绝学无忧，少私寡欲』。

『见素抱朴』，是说人应该保持外表的单纯，内心的纯朴，达到无知无欲、宁静不争的自然状态。『见素抱朴』对应于『绝圣弃智』。

『少私寡欲』，是说要少些个人主义思想，多些集体主义思想，以集体主义取代个人主义。『少私寡欲』对应于『绝巧弃利』。

『见素抱朴、绝学无忧、少私寡欲』是老子提出的治国的三项具体措施。

在物欲横流的时代，多数人往往以功利的、消费的观点去看待社会。这是十分危险的。在社会上，一些人铺张浪费、讲排场，大行其道；在文化艺术领域中，有些人不顾文化、艺术的品位，甚至不顾艺术家的人格而去粗制滥造、追逐名利；在学校中，学生看重高档物质，而人文文化的修养却很差。凡此都在竭力说明『见素抱朴，少私寡欲』的朴素思想已经被排挤，也在警示我们：人文建设和人文素质教育亟待加强。

第二十章

唯之与阿[①]，相去几何？善之与恶，相去何若？人之所畏，不可不畏。荒兮，其未央[②]哉！众人熙熙[③]，如享太牢，如春登台。我独泊兮，其未兆[④]；沌沌兮，如婴儿之未孩[⑤]；儽[⑥]儽兮，若无所归。众人皆有余，而我独若遗。我愚人之心也哉。俗人昭昭，我独昏昏。众人察察，我独闷闷⑦。澹兮其若海，望兮若无止。众人皆有以⑧，而我独顽且鄙。我独异于人，而贵食母⑨。

【注释】

①阿：同『呵』，叱责声，斥责的意思。

②未央：没有终结。

③熙熙：和乐的样子。

④泊：淡泊，恬静无为。兆：征兆，迹象。

⑤孩：同『咳』，小儿嘻笑的样子。

⑥儽：同『累』，疲劳的样子。

⑦闷闷：淳朴的样子。

⑧有以：有所作为。

⑨食母：像婴儿那样仰食于母亲。母指『道』，即以守道为贵。

【译文】

应诺和呵斥有什么不一样？美好和丑恶，又相距多少？众人所害怕的，就不能不害怕。这风气从远古以来就是这样，好像没有止境的样子。众人追求名利乐不可支，就像去参加盛大的宴席，就像春天里登台远望美景。我则淡泊宁静，不动声色，就像还不会发出嘻笑声的婴儿。疲倦得很啊！似乎无家可归。众人都有多余的东西，只有我似乎什么也不够。我真是愚钝呀！众人都自命非凡，自以为是，而我却迷迷糊糊；

众人都那么严格苛刻，唯独我这样淳厚宽容。辽阔深广啊，我如海潮一样漂流无涯，如长风一样过而不止。众人都自认为聪明，有所作为；而我独蠢笨无能，一无所成。我与人唯一不同的，是遵守自然之道。

【品读】

老子的生平已难以考察，这一章可以认为是他的自我描述。我们可以通过这一章看到老子从事『道』的研究的执着精神，同时也可以窥视到老子物质生活上的拮据。

『无道』社会，人们所关心的都是一些皮毛的小礼小节，而这些礼节所规定的也只能是表面的，根本改变不了人们的心灵。然而在等级制度森严的礼教统治下，尽管都是表面的，但是必须得学、得做。在『有礼』的社会里，说话做事需时时小心，步步留神，稍不注意，碰上『懂礼』的人，就会让你下不了台，甚至要了你的性命。不行『善』就得不到外界的赞誉和认可，因而一生无名无利。倘若你有了『礼』和『善』的面具，哪怕是十恶不赦之人，名利也会向你招手。于是，人们为了追求名利，都去学『礼』、行『善』，反正都是表演给别人看的，无须管它真假。在『无道』的社会里，只有无理霸道、奸诈机巧的人才吃得开，真正的善人却不可避免地成为他们欺压的对象。因此，人心不古，社会纷乱，道德日趋没落。处在这样的社会里，谁还关心内在的心灵呢？于是心灵荒芜了，像是无边无际的沙漠。这正是『人之所畏，不可不畏』的缘故。人们害怕的是无名无利，也正是名和利，才使得人们荒芜了心灵，而心灵的荒芜才是真正可怕的呀！

俗人都能明白一切，唯名唯利，只有我对此糊里糊涂；俗人明于小事，而我明于大道。俗人都精于算计，只有我少私寡欲；俗人心在名利，而我志在真朴。内心深沉得像大海一样，遨游于宇宙若无止境；心怀高远，自由无待。众人都有人生的目的，唯有我与众不同，个性孤僻，以至于被众人看不惯；众人皆求『有』，我独求『无』。得道之士的价值观念及独特的个性是不为众人所理解的。

孔子的『民以食为天』，贵在以有形养有形。而老子却强调以『无』为本，以无形养有形。这是老子完全不同于世人的养生之道。只有蓄养真气，才能开启大道之门。这是认识自然和改造自然的智慧源泉。

本章是老子的世界观和方法论。通过有道之人和俗人、常人的反复对比，说明了有道者精神的自由和人格的伟大。喻示人们不要舍本逐末，背道而驰，『昭昭』『察察』于外在的名利，而应该以返璞归真为人生之根本。

第二十一章

孔德①之容，惟道是从。道之为物，惟恍惟惚。惚兮恍兮，其中有象；恍兮惚兮，其中有物；窈兮冥兮，其中有精②，其精甚真，其中有信。自今及古，其名不去③，以阅众甫④。吾何以知众甫之状哉？以此。

【注释】

①孔德：大德。

②精：最微小的原质。

③其名不去：道的名义不曾消失。

④众甫：万物的本原。

【译文】

大德之人的胸怀，唯道是从，依德而行。『道』这个东西，没有稳固的形体，模模糊糊。但在模糊之中，却有真相；在模糊之中，却有实体。它是那样的深邃暗昧，其中却有精气。这精气尽管细微，却是最具体、最实在的。从现在上溯到古代，道的名字永远不能废止，根据它才能认识万物的开始。我怎么知晓万物开始的情况呢？是从『道』认识的。

【品读】

古人的『道』法的伟大之处在于发现了宇宙的逻辑定律『箭头「一」』。宇宙中的种种状态，不管是多么简单，也不管是多么复杂，只要从整体上来看，就都可以用一个箭头来表示。这就意味着，宇宙的最大态可以是一个箭头，最小态也可以是一个箭头。虽然都是一个箭头，然其每一个箭头的具体内涵却各有不同。老子的方法是舍大求小，本章讲的就是宇宙中最小的箭头，而且老子对这最小的箭头做了进一步的解析。这种解析比现在所流行的超弦理论来得更为细腻。现代超弦理论的眼光着眼于『物』，而老子的眼光已超越了『物』的羁绊。从这一点而言，可以把老子的『道』称为『前超弦理论』。

眼睛是心灵的窗户，人的品德完全可以根据他的目光做出判断。『惟道是从』是说一个人的目光，完全显示了他对大道的体悟，也就是说，意境决定一个人的思想意识。道的境界越高深，对世界的认识也就越深刻，他的目光就显得越深邃、睿智、慈善。这是总言德与道的关系。

从道的物质性方面来讲，其存在形式是不停地旋转运动的。『恍惚』二字皆从『心字旁』，表明它属于心灵的直观表现。恍，从『光』，表现为微观粒子的运行具有光波性。惚，从『忽』，表现为光波运行速度之快出乎意料，含粒子性。『惟恍惟惚』，大概就是现代物理学所说的『波粒二象性』。

如果从粒子的角度看，粒子是以光波（物质波）的形式运动的。如果从光波的角度看，运动的光波具有粒子性。物，是实物微粒。

这说明世界的本原即道，具有波粒二象性。现代科学证明，波粒二象性是一切微观粒子的基本属性。

在深远、幽邃的境界中，还有更加精微的颗粒，这些微粒最为纯粹，并携带着信息。自古及今，这些信息符号永远存在，不会消失，可以用来考察万事万物的发展变化规律。

因为这些微粒携带着宇宙信息，只要具备了获取这些信息的能力，就可以知道万事万物的过去并可以预知未来。

不执着于外部世界的表象，而是坐而反观人体基因组，直视物中之精，精中之信，这是认识世界、把握人生的最好方法。

本章是对道的境界的描述。大道蕴藏着世界万物发生、发展及变化的奥秘，识破了这些奥秘，就能树立正确的世界观、人生观和价值观。人生觉悟了，也就具备道德了。这是老子的微观认识论。

『道』作为一种能为人们所观测、体验、认识的存在，它是一种在顷刻间照彻一切，而又倏忽而逝的心理意象。人们可以在自己的心灵中观测到它的模样，体验到它的实质。它有如一种深远神秘的理想境界，人们置身于其中可以享受到世界万物的精粹，可以体会到至真至切的美好幸福。经历过这种境界的人，会对『道』这个超凡入圣的理想境界有着绝对的信念。

第二十二章

曲则全，枉则直，洼则盈，敝则新，少则得，多则惑。是以圣人抱一为天下式①。不自见，故明；不自是，故彰；不自伐，故有功；不自矜，故长。夫唯不争，故天下莫能与之争。古之所谓曲则全者，岂虚言哉？诚全而归之。

【注释】

①抱一为天下式：坚守大道为天下的楷模。

【译文】

委曲者反能保全，屈枉者反能伸直，低洼处反能盈满，旧物反能生新，少取反能多得，贪多反而迷惑。因此，圣人抱守「道」当作天下的表率，不坚守己见，看问题才能清楚；不自以为是，是非才可得以彰显；不自居自夸，才能得到功劳；不自我封锁，才能有所进取。唯有「不与人争」的人，世上才没有人能争得过他。古人常讲的「委曲求全」这个道理，哪有半点假？这确实是真理啊。

【品读】

老子认为，宇宙的逻辑定律「箭头「一」」的动态是永不停息的，并因此造成种种曲折，然而这些曲折却表述了宇宙的全部信息。从整体上来看，宇宙的全部信息仍然可以用「一」来表述，用一个「道」字统将起来。

就养生而言，「曲」是生命之轮的旋转，是人的主观能动性的结果。自我通过修炼道德功，涵养真气和能量，使其顺着身体经络循环往复，从而使身体的每一个细胞都能够得到精气的滋养。真气充沛，则细胞饱满、肌肉强劲、皮肤细腻、体形匀称，这是细胞自形自化的结果。

「枉则直，洼则盈，敝则新」，是对「曲则全」的具体阐述。身体各种各样的疾病，大都是由于心灵受压抑、气血不畅造成的。如果人的大脑能时常处于无为、忘我的状态，真气就会处于和畅状态，从而运转不息，被扭曲的心灵自然得以矫正，疾病也得到根治。圣人治国，施行民主法治，确保言论自由，从而上情下达，下情上达，种种社会弊端就能够及时得到纠正。

就身体来说，由于真气冲开了经络上的各个穴位，不停地绕体运转，气血就会自然补充那些急需滋养的部位，就像流水一样，低洼之处灌满以后才能往外流，从而自行调节身体对能量、养分的需求。圣人治国，效法天道，『损有余而补不足』，带领人民走共同富裕的道路。

身体内部的各个环节连同每一个基因组织，都是在不断发展变化的。只要真气畅行无阻，基因组织的某一链条、环节一旦出现缺损，就会立刻更新换旧，使之及时得到修复，维持内在平衡。圣人治国，既有健全的用人机制，又有完善的监督机制。任何一个部门的公务人员如果离心离德，就会被及时更换，不至于使该部门的工作陷于瘫痪状态。

『圣人抱一为天下式』，老子认为有修养、有成就的人对待一切人和事物，都采取平等之心。他们不会与人进行残酷的争夺，始终和大道合为一体。求多需从求少开始，贪多反而令人迷惑，以致一无所获。圣人深明少与多的辩证关系，所以只『抱一』而为天下人探求真理。『一』即『朴』，『抱一』就是『守法』，守法才能探求真理。

『不自见』，就是忘我，忘我则进入灵明的大道之境界，从而明白人生之真谛。圣人治国，不固执己见，处于忘我的境界，自然而然就能够接纳人民群众的建议。『以百姓之心为心』，政治必然会清明。

『不自是』，就是不自以为是，否则，将被大道拒之门外。圣人治国，无执无为，不主观臆断、动辄发号施令，让人们去听从他那句句是真理的表面说教，而是寓教于自然。这样一来，全民的道德水平就会在不知不觉中得以提高，并且稳固持久，代代相传。

『不自矜』，就是不自高自大，自高自大就会不思进取。圣人治国，始终保持谦逊的态度，不搞个人崇拜，并深明功成身退的哲理，有上有下才是『曲』，进是为了人民，退也是为了人民。只有让后备力量跟上来，国家才能持久安定，社会才能持续发展。领导职务终身制问题，是社会停滞不前及政治腐败的最大祸根。圣人功成身退，不但于己无损，反而美化了他的光辉形象。

正因为圣人不争功、不争名、不争利、不争位，由此所造就的圣人形象，是那些一心贪争功名利禄的人永远无法相比的。古人所说的『曲则全』，哪里是假话呢？

老子认为能够经受得住委屈，才能够保全自己的利益；能够弯曲，才能有一展宏图的机会。

老子的这一观点，正是我们须时刻牢记的人生大智慧。在人生的舞台上，我们会遇到许许多多的不公与压迫，倘若仅凭一时之气奋起反抗，往往解决不了问题，反而会造成更不利的局面。大丈夫能屈能伸，没有胜算的时候，就不能去硬拼，只能隐忍，隐忍并不可耻，只要在这段时间内顺其自然积蓄力量，待形势一变，必能稳操胜券。如此之人，方能顶天立地。

第二十三章

希言①自然。故飘风②不终朝，骤雨不终日。孰为此者？天地。天地尚不能久，而况于人乎？故从事于道者，同于道；德者，同于德；失③者，同于失。同于道者，道亦乐得之；同于德者，德亦乐得之；同于失者，失亦乐得之。信不足焉，有不信焉。

【注释】

①希言：字面意思是少说话，深一层的意思是少发号施令。

②飘风：大风、强风，比喻暴政。

③失：指失道、失德。

【译文】

少施政令是合乎于自然的。大风不会刮一个早晨，暴雨不会下一天。谁导致的这种情况呢？是天地。天地的狂暴尚且不能长久，况且是人呢？所以遵从大道的，就能融入大道；涵养德行的，就能融入德行；丧失道德的，就只能与失败为伍。融入『道』的，『道』也愿意得到他；融入『德』的，『德』也愿意得到他；与失『道』、失『德』为伍的，失败也愿意跟随他。诚信不够的人，就会有人不相信。

【品读】

老子认为世界难以持续某一种现象。自然现象容易变化，人的活动更容易变化，只有事物的本质才是不变的。但是，人要透过现象看本质并不是件容易的事情。看到事物的本质就是得到了『道』，并可以因此与『道』处于同一层次或范畴。为『道』实施了具体行动，就相当于是得到了『德』，并可以因此与『德』处于同一层次或范畴。那些既看不到『道』也看不到『德』的，就叫作『失』，且不得不与『失』处于同一层次或范畴。人若要达到『道』和『德』的高度，得持续不断地去追求『道』才能做到。凡不去追求『道』的，也就是说，凡不去追求事物本质的人，就只能处在事物本质以外的范畴『失』之中。

大自然的语言虽然不能用耳朵听到，但它却能用事实讲话。在事实面前，我们必定会有所启发。所以，大自然的语言是至理之言。龙卷风来去匆匆，一般从开始到结束，只有几分钟，最长时间不过几个小时。暴风骤雨虽然来势凶猛，却不会超过一天就消失了。这种自然现象，虽然是天地所为，但不会长久。天地尚不能持久，更何况人呢？

这一节旨在说明，人类的实践活动一定要符合自然规律，要正确看待自己的力量，不能有激进行为，否则绝不会取得预期的效果。

凡是从事于道的事业（悟道和行道）的人，所遵循的路线一定要合乎客观规律，应该得到的东西要随着正确思想的获得而获得，应该抛弃的东西也要随着错误观念的消失而消失。你的人生道路和大道保持一致，道也乐意接纳你；你所取得的成果合乎客观规律，成果也正是你乐意得到的；你所抛弃的东西合乎自然法则，那么失去的东西也正是你乐意失去的。

有些从事于道的事业的人，在得与失之间心思不定，信心不足。『信不足』者，缺乏的是诚心；『有不信』者，是不顾客观规律，片面夸大主观能动性。

这一节是说，不论修道还是行道，思想意识必须和大道保持一致，你得到了应该得到的东西，必然失去了应该失去的东西。合于道的成果要乐于得到，不合于道的事物要乐于抛弃。乐于得必乐于失，有失才能有得。得与失的关系是相辅相成的。

在这一章里，老子说得道的圣人（统治者）要行『不言之教』。老子通过阐述狂风暴雨不能整天刮个不停、下个没完的自然规律，告诫统治者要遵循『道』的原则，遵循自然规律，暴政是长久不了的。统治者如果清静无为，那么社会就会出现安宁平和的风气；统治者如果恣肆横行，那么人民就会抗拒他；如果统治者诚信不足，老百姓就不会信任他。纵观古今中外，哪一个施行暴戾苛政的统治者不是短命而亡呢？中国第一个封建中央集权的秦王朝仅仅存在了一二十年的时间，原因何在？就是由于秦朝施行暴政、苛政，人民群众无法按正常方式生活下去了，被迫揭竿而起。另一个短命的王朝隋朝何尝不是因施行暴政而激起人民的反抗，最后被唐王朝所取代呢？统治者要顺民心，不对百姓横征暴敛，这个社会就比较符合自然、清明纯朴。统治者与老百姓相安无事，统治者的天下就可以长存。

第二十四章

企者不立①；跨者不行②；自见者不明③；自是者不彰；自伐者无功；自矜者不长。其在道也，曰余食赘行，物或恶之，故有道者不处。

【注释】

①企：踮起脚跟、脚尖着地。踮起脚想站得高点的，反而站不稳。

②跨者不行：跨步行进的人，反而走不远。

③自见者不明：自逞己见的人反而看不明白。

【译文】

踮起脚后跟，想要站高一点，反而站不稳；迈大步，想要走得快，反而不能远行。凡是坚守己见的，反而看不明白；凡是自以为是的，反而得不到彰显；凡是自我夸赞的，反而失去成绩；凡是骄傲自满的，不能做众人的领头者。在修道之人看来，上面这些行为只是多余没用的东西，惹人厌恶，所以有道的人绝不会如此做。

【品读】

老子把『物』做了拟人化的处理，说『物』不会喜欢不懂道的行为。因为『物』总是按『道』的规律运行，所以根本没有不按『道』的规律运行的『物』。硬要『物』不按规律运行，怎么做得到呢？这就是老子所说的『物或恶之』的意思。凡是懂得了道的，当然不会去做违反道的事情。

本章揭示了量变质变规律，旨在说明，一切形式的主观、激进行为都与道是背道而驰的。只有遵循量变质变规律，脚踏实地，循序渐进，具有诚心和恒心，才能达到目的。

第二十五章

有物混成①，先天地生。寂兮寥兮，独立而不改，周行而不殆②，可以为天地母。吾不知其名，强字之曰道，强为之名曰大。大曰逝③，逝曰远，远曰反④。故道大、天大、地大、人亦大。域中⑤有四大，而人居其一焉。人法地，地法天，天法道，道法自然。

【注释】

①混成：混然一体的状态。

②殆：懈怠，松弛，停止。

③大曰逝：广大无边，运行不息。

④反：同「返」，返回，回归。

⑤域中：宇宙之中。

【译文】

有一个浑然一体的东西，在天地出现之前就已显现。它无声无形，不依靠于任何外力而独立存在，自动循环运转永不停止，能够看作是天地万物的根源。我不知道它的名字，勉强把它称为「道」，再勉强给它起个名叫「大」。它广阔无边而运行不止，运行不止而伸展辽远，伸展辽远而又回到本原。因此，「道」是大的，天是大的，地是大的，人也是大的。宇宙间有四大，而人居其中之一。人以地为法则，地以天为法则，天以「道」为法则，「道」则以自身为法则。

【品读】

现代物理学包括（超）弦理论在内，都是研究关于有形态的「物」的。但是，老子却注意到了「物」在造成形体之前有一个过程，并专门去研究这个过程。这个过程就是「非常道」。所以，不妨把老子的研究称为「前超弦理论」。有了老子的理论作为基础，超弦理论才有可能完善。

要注意的是，本章暗含了一个「我」的因素，文字上的表述都是关于「我」的逻辑思维的结果。老子这里所说的「天地」指的就是「我」所处的环境，也许可以大致理解为我们今天所指的太阳系的范围。而老子这里所说的「物」，指的是宇宙的初始态。老子便将这初始态称为「道」。「道」的不断发展被称为「大」，「大」的继续发展被称为「逝」，「逝」的继续发展被称为「远」，「远」的继续发展被称之为「反」。「大、逝、远、反」的动态是由「我」的位置而被反映出来的。老子这里是用「大」作为宇宙整体的代称，而道、天、地、人都处于『大』的领域之中，成为不同层次上的现象。低层次受高层次的支配和左右。人受制于地，地受制于天，天受制于道，道受制于宇宙的逻辑定律『箭头「一」』。当人懂得了『箭头「一」』的时候，就等于是理解了宇宙的本质了。

世界的本体至精至微，应当用『小』来为它命名。老子不用『小』而用『道』字命名，是赋予『道』字深刻的哲理内涵。『道』的本意是『道路』的意思，引申为行为、规则、方法等。老子用『道』字为世界的本体命名，意在说明认识世界的本体才是人们认识世界的正确道路，而道的运动、发展、变化所体现出来的对立统一就是人类必须遵循的人生法则和社会法则。『见小曰明』，认识的最高境界就在于识道，即『见小』。『明』就是明白由道体所体现出来的对立统一规律，从而为人类的实践活动指明道路。『道』是宇宙的本原，『小』是它的本质，本质是永恒的；『大』是它的现象，现象是变幻的。小与大是相互对立转化、相统一而存在的，所以，又可以勉强用『大』来为它命名。『大曰逝，逝曰远，远曰反』，说明万物由小到大、由大到小是循环往复、变化发展的，揭示了对立转化规律。

『人法地，地法天，天法道，道法自然。』归根结底是要求人类效法自然规律，寻求并制订出完善的人生法则和社会法则，因为，没有秩序的人生和社会是不可想象的。

本章是理解道的概念的最重要的一章。在本章中，老子突出强调的是由道体所体现出来的道性。老子用『道』来命名世界的本原，旨在表明人类与『道』的重要关系。『道』是万物之奥，蕴涵着真理。人类要想把握真理，就必须识『道』。所以，『道』既是认识的对象，又是认识的方法、实践的方法。『道』的概念，并不是虚构的，而是直觉思维和理性思维相结合的产物。『道』作为最基本物质，是宇宙万物之母；

作为最一般规律，是贯穿于宇宙、社会和人生的。老子的哲学理念就在于为人类指明合乎自然规律的治身之道和治国之道。

第二十六章

重为轻根，静为躁君。是以君子终日行不离辎重。虽有荣观，燕处超然。奈何万乘之主，而以身轻天下①？轻则失根，躁则失君。

【注释】

①以身轻天下：用轻率躁动来治理天下。

【译文】

厚重是轻率的根本，宁静是躁动的主导。因此君子整天行走不离开载重的车辆。尽管有美食胜景吸引，却能泰然处之。为什么大国的君主，还要草率躁动以治天下呢？草率就会失去根本，躁动就会失去主宰。

【品读】

一切事物都有两个不同的方面，如果把一件事表示为一个箭头，就必然有两个端点。人做事情要懂得尽量不走极端，而要去找到其平衡点，也就是要守持『中庸之道』。人在看到『荣』时，要能超越这个『荣』而看到其对立面『辱』；在处于好的状态时，要能超越这个好的状态而看到不好的状态，从而避免进入不好的状态。守持『中庸之道』，对任何人都是适用的。

就一身而言，魂为一身之主，身重魂轻；就一国而言，君为一国之主，则民重君轻。既然民重君轻，万乘之主为什么重自身而轻天下人民呢？这是老子对不道帝王们的斥责。帝王不道必然失去民心，失去民心，也就失去了帝王之本。失去民心，人民群众就会起来反抗，君主之位也就失去了，甚者还会丧失生命。

本章阐明了老子的民重君轻思想。从治身之道过渡到治国之道，辩证地分析了重与轻、静与躁的关系，指明统治者应该以民为国家之根，以德为治国之本。失去了根本，也就失去了自己，这是老子对统治者的忠告。

历史上伟大的人物大都具备虚怀若谷与稳重谦卑的品格，很少有骄傲自满、狂妄自大或目空一切的劣习。也唯有如此，他们才能不断地努力，不停地探讨钻研，发掘创造，永远不因已有的成就感到自满。俗语说：『满招损，谦受益』。唯有谦逊卑下的态度才能使人更有成就。

第二十七章

善行无辙迹；善言无瑕谪①；善数不用筹策②；善闭无关楗③而不可开；善结无绳约而不可解。是以圣人常善救人，故无弃人；常善救物，故无弃物。是谓袭明④。故善人者，不善人之师；不善人者，善人之资⑤。不贵其师，不爱其资，虽智大迷，是谓要妙⑥。

【注释】

①谪：过失。

②筹策：古人计数、计算用的工具。

③关楗（jiàn）：关门的器件。

④袭明：内藏聪明智慧。

⑤资：借鉴。

⑥要妙：深奥的真谛。

【译文】

擅长赶路的人，不会留下辙印；擅长说话的人，不会失言；擅长计算的人，不用筹码；擅长关门的人，不用门闩也能让人打不开；擅长打结的人，不用绳索也能让人解不开。因此圣人总是擅长挽救人，因此没有被舍弃的人；总是善于物尽其用，因此没有被丢弃的东西。这称为内藏着的聪明智慧。所以善人是恶人的老师，恶人是善人的参考。不看重他的老师，不爱惜他的借鉴，虽自以为聪明，其定是糊涂，这就是玄妙所在。

【品读】

做什么事情都有诀窍。在研究探索宇宙，特别是宇宙的起源上，其诀窍就是要掌握『道德』。『道德』是宇宙永不变更的本质规律，贯穿于宇宙整体发展过程的始终，所以掌握了宇宙的『道德』本质，就能够站在不变的立场上分辨出千千万万的变化。『道德』又可以分开来说成『道』和『德』，代表着宇宙本质的两个不同方面。

善于行走的人，不会留下痕迹。这是比喻那些懂得客观规律的人，办事不拖泥带水，不给别人带来不必要的麻烦。

善于说话的人，没有破绽，别人无以指责。这是指那些有文学修养、善于语言表达的人。

善于计算的人，不必使用计数工具。这是指那些在数学方面有造诣的人。

善于闭守的人，不上门闩别人也不能打开。这是比喻那些有高尚的道德修养而不自我炫耀的人。

善于结绳的人，不结绳扣，别人也无法解开。这是比喻那些有组织才能，善于团结别人的人。

以上五善，是五类各具才能、特长，可以为人师表的人。

本章表现了老子尊师重教的思想。尊师重教是治国的要妙，同样也是治身的要妙。现在，教育之于治国的重要性，已经形成社会共识。至于信仰教育，则是当今社会最迫切需要的。老子的朴学是造福人类的最佳学问，应当走向现代化，走向科学的殿堂。隐于民间的得道高人，应当主动走出来，以老子思想为指导思想，为人类社会的健康事业做出贡献。

第二十八章

知其雄，守其雌，为天下谿①。为天下谿，常德不离，复归于婴儿。知其白，守其黑，为天下式。为天下式，常德

不忒②，复归于无极。知其荣，守其辱，为天下谷。为天下谷，常德乃足，复归于朴。朴散则为器③，圣人用之，则为官长。故大制不割④。

【注释】

①谿：同『溪』。在此象征谦卑。

②忒：过失，差错。

③器：指现实世界具有的实物。

④割：裁割，割裂。

【译文】

懂得刚强，却维持柔弱，甘做天下的溪涧；做天下的溪涧，能维持永恒美德而不离失，回到婴儿一样的纯朴。知道什么是光彩，却安于暗昧的地位，甘愿做天下的模式；做了天下的模式，就能保有永久美德而没有差错，能回到不可穷极的初始状态。知道什么是荣耀，却安守卑下，能做天下的川谷；做天下的川谷，永恒的德行就得以补足，返璞归真。淳朴的世界原本被剖开分散，而成为器物。圣人用它们，成为官长。所以，完善的政治制度是不可分割的。

【品读】

宇宙中的一切事物在性质上都有两个不同的方面，且可以用种种不同的词语来指称，如本章所列举的雄、雌；白、黑；荣、辱。须注意的是，这种列举是无限的。不同的学者学派用词也有所不同，所描述的对象却是一致的，都是要描述出宇宙的起源及初始状态。本章中的『天下谿、天下式、天下谷』指的都是宇宙逻辑定律『箭头「一」』的不同表现形式。本章中的『婴儿、无极、朴』指的都是宇宙初生时由无形到有形的成形过程。『器』指的是宇宙总体之形已经构成。『大制』则是指以整体观念去看待宇宙。

治国之法源于治身之朴，身与国同，朴与法同。朴是治身的灵丹妙药，法是治国的灵丹妙药。社会法律合乎自然规律，才可以造就民众的纯朴和社会风俗的淳朴。就治国而言，老子的『朴』就是西方法学家所说的『自然法』，都强调法的自然规律性。但是，法学家们所能强调的只是社会法则和自然法则之间的关系，还没能深入到自然法则与生命法则的关系上。老子的『朴』的观念则是建立在自然法则、社会法则和人生法则的整体观上的。自然法旨在强调人权，维护每个公民的平等、自由。而人类真正的平等、自由之法，只有从每个人追求心灵自由的自身实践过程中去感悟。或者说，维护人民的自由之法和维护心灵的自由之法必须是统一的，否则，『自然法』所维护的就是『人之道』而非『天之道』。

既知人们皆崇尚高贵，法律就应当关注卑贱，为天下填平高贵与卑贱的鸿沟；为天下填平高贵与卑贱的鸿沟，法律才能具足道德，社会必复归于淳朴。

既知人们皆向往光明，那么法律就应该关注黑暗，为天下寻求真理；为天下寻求真理，法律就不会出现差错，从而使社会法则复归于大道。

法律只有着眼于消除具体的社会罪恶，伸张正义，保护公民的权利和自由，才合乎大道。社会法律和自然法则没有偏差，光明的大同世界才能实现。

第二十九章

将欲取①天下而为之，吾见其不得已。天下神器②，不可为也，不可执也。为者败之，执者失之。是以圣人无为，故无败，无执，故无失。夫物或行或随，或歔③或吹，或强或羸，或载或隳④。是以圣人去甚、去奢、去泰⑤。

【注释】

①取：治理的意思。

②神器：神圣的东西。

③歔：同『嘘』，出气缓慢。

④隳：坠于车下。

⑤泰：过度的、过分的。

【译文】

若有人希望取天下，却又独断专行的话，我看是实现不了目的的。天下的人民是神圣的，不能够违反他们的意愿和本性而加以强行统治。不然，强制统治天下，就必定会失败；强制把持天下，就必定会失去天下。因此，圣人不乱来，所以不会失败；不掌控，所以不会被舍弃。世人本性不一，有前行有后随；有轻嘘有急吹；有的刚强，有的软弱；有的安居，有的危急。因此，圣人要消除那种极端、浪费、过度的措施法度。

【品读】

老子在这一章表述了他的一个重要观点，即以紧紧抓着『物』不放的方式是不可能『得道』的。也就是说，宇宙的起源是一个特例。宇宙在其源起之前根本就没有什么『物』，所以抓住『物』仍找不到宇宙的始点。老子认为『得道』的方法是首先在宇宙中找到一个确定的『点』，这就是『我』，即『我在』，一个确切的存在。通过个体的『我』扩大到集体的『我』，从而认识『他在』。『我』的无限扩张最终便可以对应于宇宙的无限，从而完成由『我』而最终包容整个宇宙的认识过程。这可以认为是老子的『存在论』。其次是进一步认识到『我在』是一个过程，并因此类推出一切都是过程，宇宙整体也是一个过程。这可以认为是老子的『过程论』。一切都是存在，一切又都是过程，存在和过程是同一事物的两个方面，这种存在和过程统一于同一事物的观念可以称为『集合论』，也就是说一切都是存在和过程的集合。『存在论』『过程论』和『集合论』综合构成老子的『认识论』。『存在论』『过程论』『集合论』和『认识论』的最终结果是总结出宇宙的逻辑定律『箭头「一」』，并可以用这个定律去找到宇宙的始点，解决宇宙的起源问题，也就是老子所谓的『得道』。『得道』的最终结果是进一步建立宇宙『大方』，即建立一个完美的宇宙模型，可以将其称为『绝对空—时系』，以区别于后来在此基础上所产生的有种种『物』的『相对空—时系』。

治身之道就是治国之道，气与血的关系就是统治者与人民的关系。领会了气与血的关系，统治者也就明白了治国的道理。

本章以治身之道印证治国之道，以不道统治烘托圣人之治。统治者无道，故有甚、奢、泰的不道行为；圣人明道，故『去甚、去奢、去泰』。中心思想还是以道为本。

第三十章

以道佐人主者，不以兵强天下。其事好还。师之所处，荆棘生焉。大军之后，必有凶年①。善有果而已，不敢以取强②。果而勿矜，果而勿伐，果而勿骄，果而不得已，果而勿强③。物壮则老，是谓不道。不道早已④。

【注释】

①凶年：灾荒年。

②不敢以取强：不敢以兵力称雄天下。

③果而勿强：胜利了却不逞强。

④早已：早亡。

【译文】

用『道』去协助君主的人，不靠武力逞强于天下。利用武力这种事，是必然要受到因果报应的。军队所到之处，民生凋敝、田地荒芜、荆棘丛生。大战过后，一定是灾荒年。善于用兵作战的人，只求实现救济危难的目的，不敢用兵力逞能于天下。达到目的而不骄傲自大，达到目的而不自我夸耀，实现目的而不自以为是，达到目的而要以为这是出于不得已，达到目的而不要逞能。无论国家还是个人，凡是气势强盛之后就必定会走向衰落。因此，逞强气盛是不符合『道』的。不合『道』，一定很快就会死亡。

【品读】

老子厌恶战争，并认为战争属于『不道』的范畴，是违反『道』的规则的行为。宇宙按照『道』的规则运行下去，人类也是这个整体的一个部分。但是，人类进程又可以作为一个相对独立的箭头来看待，也就是说，人类整体过程也就是一个箭头而已，且也有其自身相对独立的『道德』。宇宙自然的『道德』的特征是『无思无虑』，无所谓意志。人类的『道德』却相反，是『思虑』的结果。人类认识到了宇宙的逻辑规律，便可以进一步对这个规律加以利用，使自身的整体箭头的内涵不断丰富。也就是说，人类的整体『道德』是保持自身整体箭头的良性发展趋势，并尽可能地使箭头的时间内涵增加。为了达到这个目的，人类的『道德』应该做到使当前的人处于恰到好处的生存状态，同时使今后的人也可以处于这种状态，让良好的生存条件延续下去。而战争恰恰破坏了当前人们的良性生态，且由于物质的滥用和环境的破坏使后人没有良性生态，甚至有可能造成人类整体箭头的终止和毁灭。所以说，战争是『不道德』的行为。

本章是老子的军事思想和战争理论。强兵的目的在于预防，以确保国家和平发展，而不是用来侵略。老子反对侵略，绝不是反对一切战争。就一国而言，人民群众面对反动统治和阶级压迫，有反抗的权力和革命的自由。革命就需要战争。至于国与国之间，则应感之以德，交之以道，从而实现共同的利益，切不可诉诸武力。用兵之道是治国之道的重要组成部分，所以，经书中的许多章节都体现了用兵之道，以至于许多人误认为《道德经》是一部兵书。

第三十一章

夫兵者，不祥之器，物或恶①之，故有道者不处。君子居则贵左，用兵则贵右。兵者不祥之器，非君子之器。不得已而用之，恬淡为上。胜而不美，而美之者，是乐杀人。夫乐杀人者，则不可得志②于天下矣。吉事尚左，凶事③尚右。偏将军④居左，上将军⑤居右，言以丧礼处之。杀人之众，以悲哀泣⑥之；战胜，以丧礼处之。

【注释】

①恶：厌恶。

②得志：实现志向。

③凶事：凶险的事情。

④偏将军：佐将，副将。

⑤上将军：主将，主帅。

⑥泣：同『莅』，莅临、到场、参加。

【译文】

一切兵器都是不祥之器，人们都憎恶它，因此有道义的人不使用它。君子通常以左为贵，到了战时则以右为主。武器是不祥之器，它不是宅心仁厚、厌恶杀戮的君子所使用的，万不得已用之，最好淡然处之。就算打仗胜利，也不应该得意洋洋、自以为是。当你因此而得意，那你即是以杀人为乐。凡是以杀人为乐的人，不会得到人民的归服。向来欢庆事以左边为上，凶丧事以右边为上。让偏将军在左，让上将军在右，就像在丧礼上一样。因此有道的君主，每当杀人多了就带着哀痛的心情上朝议政，就算打仗胜利，也是以丧礼来应对。

【品读】

越是性能优良的兵器，就越富有杀伤力。喜欢那些兵器的人，都是不知爱惜生命的人。有道之士爱人如己，所以不去使用。

自古仁者得天下，乐于杀人的人，是不会得到天下人拥护的。得不到天下人的拥护，其宏伟志向就不会实现。

之所以把用兵之道当作凶事来对待，并采用相应的措施，目的是以慈悲为怀，尽量避免战争。这体现了用兵者的仁德。有仁德者，可以得志于天下。

第三十二章

道常无名，朴。虽小，天下莫能臣①。侯王若能守之，万物将自宾②。天地相合，以降甘露，民莫之令而自均③。始制有名，名亦既有，夫亦将知止，知止可以不殆。譬道之在天下，犹川谷之于江海。

【注释】

①臣：使……为臣，使……服从。

②宾：服从，归附。

③自均：自然均匀分布。

【译文】

『道』永久是处于无名而质朴的状态。它尽管幽微不可见，天下却没有人能控制它。侯王如果能拥有它，万物将会自觉地服从。天地之间，阴阳之气相合，就降落甘露，人民没有令它均衡，它却自然均衡。万物兴起，就出现了各种名称；各种名称已经出现，就要知道顺从『道』的规律适可而止；知道适可而止，就可以免去危险。『道』为天下所归，就如江海为一切小河流所归一般。

【品读】

『道』属于心灵的世界，是人的外部感官无法感觉到的，所以说『无名』。『朴』，是灵魂的化身，是自我之『法身』；『朴』是闪电，可以劈开乌云，驱逐黑暗；『朴』是惊雷，可以震慑一切妖魔鬼怪。『朴』为『婴儿』，既真实又虚幻，可由天门自由出入，故说『小』。『朴虽小』，却能聚能散，聚则成朴，散则为器，变化无穷，奥妙莫测。『朴』一旦修成，自然『富贵不淫，贫贱不移，威武不屈。』

由治身之道扩展到治国之道，治身之朴，就是治国之法，『朴虽小』，是就法律文本而言。『朴』是自然的、纯真的，社会法律也必须是正义而神圣的。它是全民意志和利益的体现。法律面前人人平等，任何人都不能居于法律之上——『天下莫能臣』。统治者如果能够真正依法治国，天下人民将自然宾服。

『天地相和以降甘露』，对应的是『政通人和，物阜民丰』。一个国家的法律制度如果真正体现了人民的意愿，物质文明自然水到渠成。『民莫之令而自均』，反映的是人类向往不已的大同世界。大同世界的到来，是政治文明和精神文明相互作用、共同发展的结果。超越历史发展的自然过程，主观地搞平均主义是不会实现大同世界的。

“始制有名，名亦既有。夫亦将知止，知止可以不殆”。法律制订之初，具有详细、具体的内容条款。通过宣传学习，人们就具备了法治观念。不能遵纪守法的人，就会受到法律的惩罚。但是，法律的制定，并不是以惩罚为目的，而是本着救人的原则去规范、约束人们的思想行为，从而减少社会犯罪，维护社会安定。立法是手段，止法才是目的，只有让法律和道德统一起来，并最终以道德代替法律，社会才会有真正太平。止法的具体措施就是“行不言之教”。

本章以治身之道印证治国之道，辩证地说明了道与法的关系。天下有道，法虽立而人无犯；天下无道，则“法令滋彰，盗贼多有”。这如同治水，立法是堵，修德是疏。堵与疏必须相结合，只堵不疏，堤坝必垮。

道是天下的真正主宰，道所主宰的天下可以像溪水河流都流归于江海一样自然统合，并像天地普降甘露一样均衡。道是无形的，和光、同尘，无色、无味，不能用感觉器官来证明它的存在。天地万物都受其支配，不但毫无知觉，而且皆以为自然。

第三十三章

知人者智，自知者明。胜人者有力，自胜者强。知足者富，强行①者有志。不失其所者久，死而不亡者寿②。

【注释】

①强行：坚持不懈。

②死而不亡者寿：身虽死而名声犹在的人才是真正的长寿。

【译文】

能懂得别人的人有智慧，能懂得自己的人聪明；可以战胜别人的人有力量，能够战胜自己的人刚强。懂得满足的人富有，坚强努力的人有志。不丧失自己根基的就是持久，身虽死而精神永在的才是长寿。

【品读】

『知人者智，自知者明。』这一句看似浅显易懂，其实老子向我们展示了极其深奥的道理。老子指出能够理解判断外人和外物的人，只能称其为拥有世间的庸俗智慧，而通过外事外物反观自己，从而悟出生命真谛的人，才有大智慧，也就是明。

『胜人者有力，自胜者强。』指出人生当自知、自胜、自强。能够战胜自我的人，是具有天地之志者，具有这种意志的人，必定有战胜一切困难的力量。指出了人们在生活中经常失败的根源所在——不能胜己。

内心世界丰富的人，是与『道』为伍的，既有美妙的精神世界，又有充实愉快的现实生活，自然感到满足。相反，那些心灵空荡的人是迷茫的，只能把心思寄托于外在的名利上。然而，没有心灵做依托的欲望，是永远不会满足的，这就是人生痛苦的根源。有着坚强意志的人，并不是为了自我名利而拼搏，而是心存大道、甘守真朴、无执无失、豪情满怀的。这样的人的人生必然是欢快、幸福的。

人生的目的，无不是幸福、健康、长寿，往往忽视了心灵的自由，反而导致生命早夭。那些真正懂得厚生的人，始终关怀的是内在的心灵，是以『有形』养『无形』，而不是以『有形』养『有形』，因此获得了相对长久的生命。更有那些一生为了人民的人，虽肉体死亡了，但他们的英灵永存，这样的人才是真正长寿的人。

本章是老子对有道者的高度赞扬。指出人生当自知、自胜、自强。唯有如此，才能实现天地之志，并与世长存。

第三十四章

大道泛兮，其可左右①。万物恃之以生而不辞，功成而不有。衣被万物而不为主②，可名于小③；万物归焉而不为主，可名为大。以其终不自为大，故能成其大。

【注释】

①泛：泛滥。左右：无所不在。

②为主：不做主宰者。

③小：渺小，道因无欲故声名不显著。

【译文】

大道像河水泛滥一样无所不至，万物都依赖它产生，但它却从不干涉它们。它生长万物的功业成就之后，却不占为已有；它养育万物，却不做万物的主导。它没有私心，可以说是很微细渺小；万物都依附它而它不做万物的主导，可以说是很伟大了。正因为它一直都不自认为伟大，才可以成就伟大。

【品读】

道体至精至微，其性至静至虚、至真至纯、至诚至信。万物无不生成于道，万物在，大道在。所以，大道充满宇宙，遍布天地，无处不在，无所不有，可以说是大道在左右着万物。万物依赖它生长壮大，它却不推辞职责。万物生长有成，它却不认为自己有功。泽及万物却不做万物的主宰。

至高无上的道，恩泽博大如海，无所不至，可普及于各种领域。万物依靠它才得以欣欣向荣，道不偏不倚，不居功亦不占有。道之本体不忮不求，可以说是微不足道。而道之影响所及，万物都以其为依归，故而其大无极。正因道不自以为大，所以才能充塞宇宙之间，大至无极。

天地之大，以无为心；江海之大，以虚为本。因以善处下才能接受得更多，虚己接物就能容纳万物，继而成就其大。这是一种因果相继的关系。我们做人处世也是如此，唯有谦逊谨慎，不骄傲自满，不倚势横行，才能够得到别人的尊重，才能够圆融于世，才能够不争而胜，才能够充盈自我。

本章以大道之性印证圣人之德，论证了小与大的辩证关系。说明统治者只有不自高自大，甘守平凡，一切效法大道，才能够成就他的伟大。

第三十五章

执大象①，天下往②。往而不害，安平太③。乐与饵④，过客止。道之出口，淡乎其无味，视之不足见，听之不足闻，用之不足既⑤。

【注释】

①执大象：掌握大道之象。

②天下往：天下人向往。

③太：太，即泰，安泰。

④乐与饵：音乐和美食。

⑤既：尽。

【译文】

如果掌握了大『道』，天下的人都会投靠他。投靠他而不互相妨害，大家和平而安泰。音乐和美食，能使过路之人停下脚步。我说的这个道，从嘴里说出来暗淡无味，用眼睛去看又不能看到，用耳朵去听又不能听到，但是在你使用它时却是取之不尽用之不竭的。

【品读】

『大象』，即修道者所进入的真实不虚的灵明的境界。一旦进入这个境界，世间万物都会在这里出现。我无害物之心，物无害我之意，自然能够镇定自若，泰然处之，相安无事。

圣人治国，『处无为之事，行不言之教』，营造了自然淳朴的社会风尚，天下有志之士自然就会慕道而来。对此，圣人没有国家和民族偏见，一视同仁。这样一来，社会就形成了各民族和睦相处的太平盛世景象。『安平太』，是政治文明和道德文明高度统一的象征。

有形世界，无限风光。有形世界的万物，都因其独有的特性和具体的形象，让人可见、可听、可感、可嗅，因而可亲、可喜、可爱、可乐。

相比于『乐与饵』，道则不同。道是不为人的感官所感觉到的，若用语言来描述，实在是淡而无味。虽说用眼睛看不见，用耳朵听不到，但是，一旦获取大道，它的功用却是无穷无尽的。

人来到这个世界上，就像匆匆过往的旅客，不要被眼前一时的名利所诱惑。人的一生虽有几十年，乃至百年，但在历史的长河中，如同白驹过隙，稍纵即逝。所以，人生的真谛在于彻悟大道。只有彻悟大道的人，生命才有价值和意义。

第三十六章

将欲歙之，必固张之；将欲弱之，必固强之；将欲废之，必固兴之；将欲取之，必固与之。是谓微明。柔弱胜刚强。鱼不可脱于渊，国之利器不可以示人①。

【注释】

①国之利器不可以示人：国家的刑法等政教制度不能轻易向人炫耀。

【译文】

想要它缩紧，一定先让它伸开；想要它减弱，一定先让它强盛；想要除去它，一定先让它兴盛；想要占有它，一定先给予它。这就是隐微的征兆。柔软胜过刚强。鱼不能远离深水，国家的刑法等政治制度不能随便炫耀于人。

【品读】

这里讲的夺精补脑之术，又称调外药功夫，是用意念引导小周天功，目的是从肾腧引精气上升以济脑，具有延年益寿、返老还童之功效。《抱朴子》说：『若年尚少壮而知还年（返老还童之术），服阴丹以补脑，采玉液于长谷者，不服药物，亦不失三百岁也。』

前三句概括了炼液化精、炼精化炁、炼炁化神的过程，后一句是对实践经验的总结。只有『与之』，才能「张之」「强之」「兴之」；只有「夺之」，才能「歙之」「弱之」「废之」，不与则无以夺。「与之」是手段，「夺之」才是目的。由张到强、到兴，由歙到弱、到废，也昭示了修炼道德功的循序渐进的自然过程。「废之」之日，即是道成之时。

《道德经》毕竟是一部根据练功实践来讲道的书，内容掺杂着对练功实践经验的哲理总结。所以，我们不能总是根据语句的表面意思来强解其治国理论。

第三十七章

道常无为而无不为。侯王若能守之，万物将自化。化而欲[①]作，吾将镇之以无名之朴。镇之以无名之朴，夫将不欲。不欲以静，天下将自正。

【注释】

①欲：指贪欲。

【译文】

「道」永远是遵从自然而无所作为的，却没有什么事情不是它做的。君主如能拥有它，万物就会自然生长、自然衍化。万物在生长演化的过程中，难免会产生贪欲而损害社会的自然秩序，到那时候，我将用「道」的本性无名之朴来制服。用无名之朴来制服，万物就没有贪欲了。无欲而回归平静，天下就很自然地安定了。

【品读】

永恒的大道始终无为，但是取得了无所不为的成果。大道运行没有轨道误差和时间误差，具有永恒的客观规律性。正是这至诚不移的客观规律性，才孕育出天地万物，取得无所不为的成果。

就养生而言，『侯王』就是自我。自我因循大道，『无为』以养朴，朴『无不为』以养生。自我若能甘守『无为』之道性，无名之朴也就慢慢生长。随着朴的成长，身体的每一个细胞将自然健康繁殖，自行调节转化。这是阴阳平衡，身与朴统一、和谐的缘故。在身体发展转化的过程中，倘若受到外来邪魔的侵袭，我将静以守朴，用朴来震慑邪魔。邪魔得以震慑，无名之朴也就无欲于伤害。能够静之以道，镇之以朴，不再产生违背大道的妄念，心情也就随之安定，身体自然百邪不侵，从而健康长寿。

就治国而言，统治者若能因循大道，实行『无为之治』，即『无为』以修法，则法『无不为』以治国。随着国家法律的逐步完善，人民民主自由、国家繁荣富强自然能得以实现。在公平、正义的法治社会里，倘若有不法之徒危害社会，即可用神圣的法律来震慑他们。社会上没有了不法之徒，神圣的法律也就失去了作用。这就是说，法不害人而人自害。如果人人能够消除不道观念于『不言之教』之中，天下也就安定太平了。

本章是对《道经》的总结，中心议题是『无为而无不为』，即老子的朴治主义思想，也是老子思想体系中居于核心地位的命题。

大道无为，始终按自己的轨道运行，使得整个宇宙和谐有序；统治者无为，遵守合乎自然法则的社会法则，可使社会和平安定；自我无为，遵守合乎自然法则的人生法则，可使自我健康长寿。这里，宇宙、社会、人生是『实』『有』，自然法则、社会法则、人生法则是『虚』『无』，实与虚、有和无是辩证统一的，欲治实、有，必守虚、无。自然法则是永恒不变的，所以，『无为』的目的在于寻求『朴』，即合乎自然法则的社会法则和人生法则，治国以法，治身以朴，则『无为而无不为。』

第三十八章

上德不德①，是以有德；下德不失德，是以无德。上德无为而无以为；下德无为而有以为。上仁为之而无以为，上义为之而有以为。上礼为之而莫之应，则攘臂而扔②之。故失道而后德，失德而后仁，失仁而后义，失义而后礼。夫礼者，忠信之薄③，而乱之首。前识者④，道之华，而愚之始。是以大丈夫处其厚，不居其薄；处其实，不居其华。故去彼取此。

【注释】

①上德不德：具备上德的人，因具有自然的品德，不表现为形式上的德。

②扔，意为强力牵引。

③薄：不足、衰薄。

④前识者：先知先觉者。

【译文】

『上德』之人不表现为外在形式的『德』，因此实际上是有『德』；『下德』之人，总想不丧失德行，因此才没有德行。『上德』之人顺应自然，无心作为；『下德』之人顺应自然，有意作为。『上仁』之人做仁德事出于无意；『上义』之人行义事却出于有心。『上礼』之人有所作为，若没有人回应，于是强拉着别人反复练习。所以，丧失『道』后才讲德行，丧失德行后才倡导仁爱，丧失仁爱后才要求守义，丧失义后才重视礼。礼是仁厚诚信观念淡薄的产物，是动乱的开始。所说的『先知』，不过是『道』的虚华，是愚昧的开始。所以，大丈夫立身敦厚，不选择轻薄；选择朴实，不居于虚华。这就是舍弃轻薄虚华，选择敦厚淳朴。

【品读】

本章是《德经》的首章。辩证地分析了道与德、仁、义、礼的关系。

『上德』之人遵循客观规律，依法治国，所以能够取得无所不为的业绩。『下德』之人强调有为，以智治国，是为了自我名利而为。『上仁』之人欲以仁恩天下，但不会达到预期的目的。『上义』之人欲以义感天下，是为了不可告人的目的而为。『上礼』之人欲以礼安天下，结果得不能到天下人的响应，便强制人民服从，反而被人们推翻其统治，抛弃其礼节。

统观『上德』『下德』『上仁』『上义』『上礼』，只有『上德』是客观行为，其他都是主观行为。一个不明道的统治者，总是以自我名利为中心。所以，他所推行的仁、义、礼，都是为了巩固其统治地位的。

在道、德、仁、义、礼这一组概念中，它们的关系是包含关系，即道包含德，德包含仁，仁包含义，义包含礼。道作为世界的本质、规律，是客观存在的，是真理。人们失去道则德不正，在德不正的情况下，仁、义、礼必然向其反面转化。失去了道，人们就会被事物的表面现象所迷惑，沦为以自我为中心的思想观念，外在的名利成为人生追求的目标。在名利的诱惑下，人的虚伪性、欺骗性、阴险性自然逐渐形成。仁、义、礼的本质是美好的，它是道德的行为体现，是有道之士的自然流露。但是，历代无道的统治者为了维护本阶级的利益，都会对其做出人为的规定，使其成为麻醉人民的思想工具。尤其是礼，它是道的最末节，最注重表面现象。历代统治者强调它的作用，结果使得人性中淳朴、诚信的美德日趋淡薄。纵观历史和当今世界，实在是有太多人在披着『礼』的外衣去干不可告人的勾当。这正是因为『礼』重外饰的缘故。所以说，『礼』是忠信淡薄和社会混乱的罪魁祸首。

能够为人所意识到的，都是表面现象，具有虚伪性和欺骗性。舍本质而重现象，是人类走向愚昧的开始。具有天地之志的大丈夫，是不会执着于事物的表面现象的。想要实现天地之志，就必须证悟大道，配天地之德。所以，大丈夫抛开虚华的表面现象，修德悟道，探求世界的内在本质。

第三十九章

昔之得一者：天得一以清；地得一以宁；神[1]得一以灵；谷[2]得一以盈；万物得一以生；侯王得一以为天下正。其致之也，谓天无以清，将恐裂；地无以宁，将恐废；神无以灵，将恐歇；谷无以盈，将恐竭；万物无以生，将恐灭；侯王无以正，将恐蹶[3]。故贵以贱为本，高以下为基。是以侯王自称孤、寡、不谷。此非以贱为本邪？非乎？故至誉无誉[4]。是故不欲琭琭如玉，珞珞如石[5]。

【注释】

①神：指人。

②谷：河谷。

③蹶：颠覆，垮台。

④致数誉无誉：最高的荣誉是无须夸誉的。

⑤琭琭若玉，珞珞若石：外表光亮如玉，里面坚硬如石。

【译文】

古往今来，凡是得到『一』的，其情形大概是这样的：天获得『一』而清明；地获得『一』而宁静；人的精神得到『一』而英灵；河谷得到『一』而盈满；万物获得『一』而化生；侯王获得『一』而成为天下的君主。推而言之，天不能清明，可能要崩裂；地不能宁静，可能要陷塌；人的精神不能保有灵性，可能要灭绝；河谷不能充满，可能要干枯；万物不能生长，可能要灭绝；侯王不能保持首领的地位，恐怕要亡国。所以高贵以卑贱为根基，高高在上以卑下为根基。侯王们自称『孤』『寡』『不谷』，表示谦下，这不是以贱为根基吗？不是吗？所以世上最高的荣誉是不需要称赞的。因此，人君不愿意如玉一般华丽，而甘愿朴实如石。

【品读】

『道生一』，『一』是道的载体，而『朴』则是道德的体现。得道以德，德的最高标志就是返璞归真，所以，『得一』也就是『得朴』。

推而言之，统治阶级（天）不凭借朴治，使政治清明，国家将恐分裂；百姓（地）不凭借朴治使社会安宁，国家恐将动荡；人们的精神不凭借朴治得以慰藉，恐将产生信仰危机；山川河流不凭借朴治获得充盈，水利资源恐将枯竭；万物不凭借朴治来保护，恐将毁灭；侯王不以朴治国，反而自视高贵，其统治恐将被推翻。

任何事情都是相反相成、互相转化的。守贱则贵，筑基则高，世间之所以有贵，是因为有贱为之衬托；

之所以有高，是因为有低与之相对应。正如那些显赫的统治者，他们的高是骑在劳动人民头上的；他们的贵，是用劳动人民的血汗换来的。其实，不道的帝王也非常明白这些道理，所谓『水能载舟，亦能覆舟』，正是对历史经验的深刻总结。所以，他们用孤、寡、不谷来称呼自己，表明自己是以民为本、以民为基的。

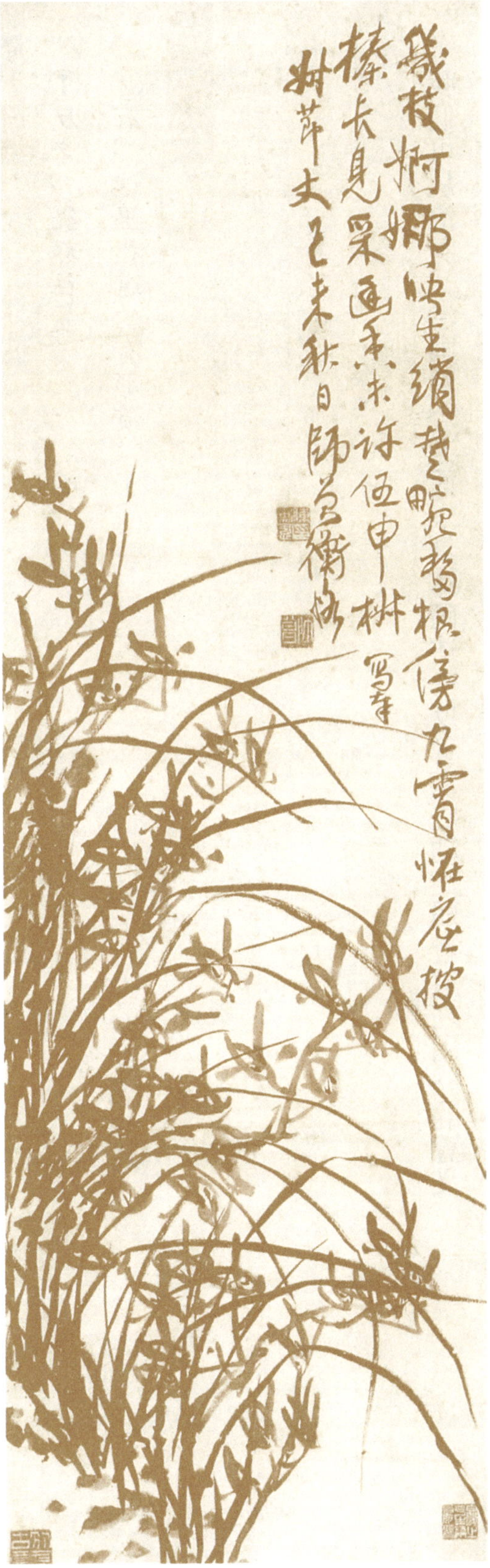

第四十章

反者[1]道之动，弱者道之用。天下万物生于有[2]，有生于无。

【注释】

①反者：循环往复。

②有：这里指道的有形质。

【译文】

道的运行变化，往往是周而复始的；道的作用，是微妙、柔弱的。天下的万物来自于看得见的有形质，有形质又来源于不可见的无形质。

【品读】

我们可从治身、治国两个方面来具体阐述『反者道之动，弱者道之用』的意义。

一、从治身的角度讲，『反』，是自我充分发挥主观能动性，使体内真气由丹田沿督脉而上，顺任脉而下，循环往复，周流不息，这也是小周天功。随着真气的进一步充盈，进而再打通大周天。由于真气的逆向行驶，打通了身体所有脉络，使气血畅达，从而平衡阴阳，消除疾病，强身健体，最终返璞归真。这正是因为利用了弱者——真气，才完成了自我与真我的同一，从而使自我这一大自然的弱者变成大自然的真正强者。

二、从社会发展的历史进程来说，是社会最下层的劳动人民为推翻反动统治阶级所进行的革命斗争。弱者，就是指那些缺吃少穿，忍受剥削和压迫，没有权利和自由的劳苦大众。人民揭竿起义，推翻反动统治，是社会发展的必然规律，而弱者，则是革命的主力军。历史上每次革命运动，广大人民群众都是革命的中坚力量。正如毛泽东所说：『人民，只有人民，才是历史发展的真正动力。』毛泽东所领导的国内革命战争，强者败，弱者胜，即是『得道多助，失道寡助』的结果。毛泽东是阐述老子『反者道之动，弱者道之用』这一哲理的杰出代表。

如果说『反者道之动，弱者道之用』，揭示了自我与社会发展的客观规律，为人们更好地认识世界、改造世界指明了道路。那么，『天下万物生于有，有生于无』则体现了老子的朴治主义思想。

第四十一章

上士闻道，勤而行之；中士闻道，若存若亡①；下士闻道，大笑之。不笑不足以为道②。故建言③有之：明道若昧；进道若退；夷道若纇④；上德若谷；广德若不足；建德若偷⑤；质真若渝；大白若辱⑥；大方无隅；大器晚成；大音希声；大象无形；道隐无名。夫唯道，善贷且成。

【注释】

①亡：忘记。

②为道：成为道。

③建言：立言、设言，意思是有这种说法。

④纇：偏斜，崎岖不平。

⑤偷：苟且，怠惰。

⑥辱：黑垢。

【译文】

『上士』听见『道』，知道『道』伟大而真实，所以便坚持不懈地去实行；『中士』听见『道』，因为认识不清，所以感觉『道』似有似无、似真似假；『下士』听见道，由于见识浅陋，根本不知道『道』是什么，因此便大加嘲笑。其实正由于『下士』大笑，才显示道的高深，假如他不笑，这『道』也不能称为『道』了。因此有人立言说：明白易晓的『道』就像隐晦不明一样；前进的『道』就像后退一样；平夷的『道』就像崎岖一样；高尚的『德』就像卑下的川谷一样；广阔无边的『德』就像不足一样；刚健的『德』就像苟且偷安一样；质朴而纯真好像混沌未开。最洁白的反而含有污垢；非常方正却没有棱角；极大的器物最后才能完成；最大的声音反而听不到，最大的形象反而见不到形状。大道隐晦，没有名称。只有『道』，善于施予创生万物，并且使万物生长。

【品读】

『上士』是道性深厚的人，他们深知悟道的重要性，并对道的存在深信不疑且勤奋用功，这是有志者的作为。『中士』是道性若明若暗的人。他们对道的存在持半信半疑的态度，对识道缺乏信心，是不能战胜自我的人。『下士』是缺乏道性的人。他们的自我主观意识太强烈，固执己见，不能客观辩证地看待问题。他们如同智叟，对传道、修道之人加以嘲笑以显示自己的聪明才智。其实也难怪他们嘲笑，这大概有两个方面的原因：一是大道太隐蔽、深奥，永远不会被主观主义者理解。如果大道显而易见，社会上也就不会有人视传道者为宣扬神秘主义的了。二是『下士』从修道者所采取的修道方式及其观念、行为的变化上所得出的结论，有道者的观念、行为是不能为『下士』所理解的。

修道者明白了大道，获得了大智大慧，本该变得聪明，但从表面看来，不仅没有聪明反而显得愚昧了。其实这正是明道的结果和超越自我的象征。一个大彻大悟的人，不再主观臆断、感情用事，不再为名利所羁绊。这在『下士』看来，不贪图享受，不及时行乐，不为自己着想，不正是愚昧吗？

越是具有高尚品德的人越虚怀若谷。有德之人对自己乐于助人的行为，不认为有功德，而是以平常之心，一切顺其自然罢了。这是有道者的谦逊品德。

越是把握了真理的人，越是真切地感到自我的渺小和智慧的不足。道无止境，德无止境，广德之人，以宇宙为心，永远不会满足。这是有道者的不断进取之心。

越是纯洁的人，其行为好像越不光彩。有道之人，品德纯正，没有半点虚伪，处处、时时顺自然规律行事，这在『下士』眼里却是不光彩的行为。社会上那些甘做好事的人，不是被有些人嘲笑为『出风头』或者『傻子』吗？

『大器之才』并非短时间能够造就，需要数十年坚持不懈的道德修养。『晚成』，肯定了人的能动作用以及悟道的艰难费时，否定了『生而知之』的天命论思想。

『大音希声』，最大的声音是自我听不见的。大音是大道之音，是自然规律的启示。来自大自然的声音虽无声而胜有声，必须无条件地听从。

最大的形象是自我看不见的。大象是天象，属于心灵的世界，只有用至真至诚的心灵才能观到。大象虽然无形，但是，要想更好地认识有形世界，必须于无形世界中寻求真知。

本质规律潜藏于无名世界。世界的本质规律只有借助『真我』去把握，『自我』是无法直接认识的。『无名』，是说无形世界的名象无法以有形世界的名称、概念来规定。

大道虽然隐而无名，但是也只有大道才能带给我人生的大智大慧，用以成就天地之志。

第四十二章

道生一，一生二①，二生三，三生万物。

万物负阴而抱阳②，冲气以为和③。

人之所恶，唯孤、寡、不穀，而王公以为称。

故物或损之而益，或益之而损。人之所教，我亦教之。

强梁者不得其死，吾将以为教父。

【注释】

①一：指『道』。

②负阴而抱阳：背阴而向阳。

③冲：冲突、交融。阴阳二气相合而形成一种匀调和谐的状态。

【译文】

『道』是独一无二的统一体，由此可分为阴阳二气。阴阳二气又相互交合成为一种均衡和谐的状态，产生了能够养育万物的自然环境。世间的万事万物都背靠着阴而面向阳，阴阳二气互相结合成为新的结合体。

世间的大多数人所讨厌的，是『孤』『寡』和『不谷』，而王公却把这些当作自己的称谓。所以，对于世间万物来说，有时损害它反而使它受益，有时让它受益它反而受损。别人这样教育我，我也这样去教育别人。强横无理的人不得好死，我要把这句话作为施教的宗旨。

【品读】

原子是生成非生命物质的基本功能单位。细胞是生成生命物质的基本功能单位。无论是原子还是细胞，都含有阴阳两种属性。原子由带正电的原子核（属阳）和带负电的核外电子（属阴）组成。原子核所带的电量和核外电子所带的电量相等，然而电性相反，从而保持自身的阴阳平衡。每个细胞核有阴阳两套染色体，呈双螺旋状的阶梯结构，碱基阴阳成对排列。一个原子的体积不等于原子核和核外电子的体积之和，而是远远大得多，其中空部分就是气场的存在。细胞也是这样，细胞中的染色体是在不停地旋转运动的，其旋转运动的空间就是元气的存在。正是因为有了运动空间，阴阳两性物质形成一定距离，才能因气而动，相互激发，相互涤荡，交感而生，从而化生出新的原子、细胞。

『万物负阴而抱阳』，是言『对立』，揭示了矛盾的普遍规律。矛盾是客观存在的，一切事物都存在着矛盾，没有矛盾就没有世界。『冲气以为和』，是言『同一』，说明平衡、和谐的运动空间是一切事物发生、转化的前提。『万物负阴而抱阳，冲气以为和』，揭示的正是宇宙间的对立统一规律。

表面看来，王公以『孤、寡、不穀』为称，损害了他的高贵形象，实际上却有利于树立他们的『明君』形象。树立了明君形象，就有利于统治地位的稳固，从而更好地满足自己的欲望——『或损之而益』；统治者最大限度地满足了自己的利益，却损害了劳动人民的利益——『或益之而损』。这是以辩证的观点对统治者的虚伪性和欺骗性的斥责。

『人之所教』是为了统治阶级的利益而施行的教化，教化的内容不外乎以强胜弱、以刚胜柔、弱肉强食、自我有为等。老子对这件事发表了自己的看法：违背天理，以强暴欺压柔弱者的人不得好死！表达了老子对『强梁者』的无比愤恨和对善良的劳动人民的深深同情。既有否定，就有肯定。老子否定了『强梁』之教，必然肯定与之相反的『柔弱』之教，也就是老子一贯倡导的贵柔贵弱思想。而贵柔贵弱思想，即是贵民思想。于是老子在诅咒之余，高呼并断言：我将成为贵民教育开端的人。

大凡道，必然是周全而细密的，是宽大而又舒放的，坚定而又牢固的。坚守着好的信念不舍弃，就可以驱逐淫邪，去除轻薄。充分领会了道的精髓，就可以返回到道德上来，一颗周全的心在身体当中是不可以隐藏的，它必定在形态容貌上表现出来，从肌肤色泽上也可以得知。带着和善的心去迎接别人，别人会觉得像见了兄弟一般亲切；怀着恶意去对待别人，会给人以戎兵相见的感觉。这都不是用言语表达出来的，却比雷震鼓鸣来得更迅速。心和气的形态，比日月还要光明，比父母了解子女更要透彻。只有奖赏是不足以劝导百姓从善的；只有刑罚也是不足以惩罚犯了错的人的。只有气的意向得当，天下间的百姓才会信服，内心的意向安定，天下就会顺从。

第四十三章

天下之至柔，驰骋天下之至坚。无有入无间，吾是以知无为之有益。不言之教，无为之益，天下希及之①。

【注释】

①希及之：很少人能做到。

【译文】

天下最脆弱的东西，能够控制和征服天下最坚强的东西。这是由于空虚无有之物可以进入没有空隙的东西之中。我因此知道了无所作为的好处。不用言语的教导，无所作为的好处，普天下少有能赶得上它的了。

【品读】

天下最柔和的莫过于气，天清地宁之时，谁也看不到它的存在，谁也不在乎它的作用，它却始终默默无闻地发挥着柔和者的本能。当暴风来临之时，它一改往日的沉默和柔和，飞旋怒吼，直冲云霄，以震天撼地之势，折枝断木；天下最软弱的莫过于水，风平浪静之时，它行走山谷，居低就洼，任人利用。没有人去爱惜它，也没有人去保护它。它始终自然无争地发挥着软弱者的本能。当暴风雨到来之时，它一改往日的平静和软弱，奔腾咆哮，一泻千里，以排山倒海之势，冲基倒厦。

水和气是再柔弱不过的了，但是，当它们驰骋天下、摧枯拉朽、涤荡污垢的时候，却充分显示了无与伦比的威力。这一威力是『强梁』者永远无法阻挡的。

如果说『驰骋天下之至坚』显示了柔弱者的外在威力，而『无有入于无间』则显示了柔弱者的内在威力。钢铁可谓坚硬，可它们都是由原子组成的，每一个原子之内无不充满了至柔之气；骨、木可谓坚强，可它们都是由细胞组成的，每一个细胞内无不充盈至柔之水。水和气无坚不摧、无孔不入，从这里我们才真正认识了柔弱者的巨大力量和作用，明白了『无为之治』，即民主法治的好处。

『不言之教』的科学，『无为之治』的好处，天下的统治者很少有人认识到。这说明老子已经深刻洞察了统治阶级的贪婪本性，并表明把施行『不言之教』和『无为之治』的治国策略完全寄托于统治者是根本不可能的。人民要想获得民主和自由，还得依靠自己的力量。

第四十四章

名与身孰亲？身与货孰多[①]？得与亡孰病？甚爱必大费[②]；多藏必厚亡[③]。故知足不辱，知止不殆，可以长久。

【注释】

①多：贵重的意思。

②甚爱必大费：过于爱名就必定要付出很大的代价。

③多藏必厚亡：丰厚的贮藏就必定会招致惨重的损失。

【译文】

声望和生命哪一个对人更亲密？生命和钱财哪一个对人更重要？获得声望和失去生命，哪一样对人更有害？所以，过分地贪爱名声钱财，必定会导致极大的耗费；过多地储存财物，一定会造成严重的损失。因此，知道满足的人就不会导致屈辱，懂得适可而止的人就不会受到危险，这样才能够使生命长久。

【品读】

『名与身孰亲？身与货孰多？得与亡孰病？』这里，老子用名利和生命作比较，意在说明生命重于名利。

这一道理虽然浅显易懂，但是世人总是不能正确处理生命和名利的关系。在常人看来，追求名利是人生的目的，为了名利，可以不顾及身体甚至生命。因此有人说：『名利』二字甚于利箭，利箭易躲，名利难防。执着于名利之爱的，必刻意求之，并为此而绞尽脑汁。投人所好，大献供品，阳奉阴违，奸诈机巧，不择手段，怎能不耗尽精神、费尽心机？积藏的东西越多，失去的就越多。而失去的不仅仅是财富，还包括人的精神、人格、尊严、品质等方面的损失。

老子在本章强调了古人做事时所奉行的原则。一为『知足』，也就是做事要能做到『恰到好处』；一为『知止』，也就是做事要能做到『适可而止』。虽然这些话表面上看起来很简单，但是实际上是永远都难以完成的理想境界。因为事物时时都在变化，所以『知足』和『知止』也得时时作相应的变化。从这一点来看，只有懂得了变化才能满足『知足』和『知止』。然而，『知足』和『知止』却是丰富一个箭头的时间内涵的基本方法。如果能不断丰富一个箭头的时间内涵，这个箭头就能够『长久』保持下去。

本章是老子的贵生思想，辩证地论证了身体和名利的关系。常人贵生，两眼只盯着名利，认为有了名利就有了一切，结果反为名利所害。反对名利，并不是放弃对物质文明的追求，而是反对贪得无厌，反对片面地以金钱来衡量人生价值的思想观念。正确的贵生方式应该是反求于朴，只有返璞归真，才能获取真正的人生幸福。

第四十五章

大成①若缺，其用不弊②。大盈若冲③，其用不穷。大直若屈，大巧若拙，大辩若讷。静胜躁，寒胜热。

清静为天下正。

【注释】

①成：完全，具备。

②其用不弊：它的作用不至穷尽。

③大盈若冲：最充实的东西好像有些空虚。

【译文】

完满的东西似乎有缺陷，但它的作用是不会衰竭的；最充盈的东西好像空虚一样，使用它却不会穷尽。最正直的东西似乎是弯曲的，最灵巧的似乎是笨拙的，最善辩的却好像口拙一样。清静战胜躁动，寒冷战胜炎热。清静无为才可统治天下。

【品读】

大器已成之人，返璞归真，与宇宙合一，面对浩瀚的宇宙，总感智慧不足。这种人生追求所产生的作用才是对自己、对社会没有危害的。浩然正气充盈体内却虚怀若谷，这种功夫的作用才是无穷的。

道德之学是探寻大道、强身健体、益寿延年、涵养品德、超越自我的学问。道德有成之人，虽有『大直』之德，『大巧』之能、『大辩』之才，却从不自我炫耀，留给别人的印象是『屈』『拙』『讷』。体现了有道之人一切自我行为都完全遵循客观规律，绝不盲从主观情感，妄作妄为。这正是自我的无为之德，不争之德。

『静胜躁，寒胜热，清静为天下正。』心静战胜燥动，寒冷战胜炎热，『无为之治』『不言之教』可以使天下安定。『静胜躁，寒胜热』，是阴阳相克原理。运用这一辩证原理去治理国家，其具体措施就是用『清静』二字作为治国的指导思想。清静无为是圣人之治。圣人之治，就是施行『不言之教』和『无为之治』。无为之治可以发扬民主使政治清明，不言之教可以消除狂热、浮躁，使民心安宁。政通人和、人心思定，这才是人间正道。

第四十六章

天下有道，却[①]走马以粪[②]，天下无道，戎马生于郊[③]。祸莫大于不知足；咎莫大于欲得。故知足之足，常足矣。

【注释】

①却：屏去，退回。

②走马以粪：此句意为用战马耕种田地。

③生于郊：指牝马生驹于战地的郊外。

【译文】

治理天下符合『道』，就能够太平安定，把战马退还到田间给农夫用来耕作。治理天下不符合『道』，连怀胎的母马也要送到战场，在战场的野外生下马驹。一切的灾祸都来源于不知足，一切的罪过都由于贪心。因此，知道满足这样的满足，才是永远的满足。

【品读】

就治身而言，『天下有道』，是说人们懂得养生之道，通过夺精补脑之术来养生。『却走马以粪』即夺精补脑之术。『戎马生于郊』，即漏泄精液，说明不懂得养生之道。

养生之道之于当今社会尤为迫切，尽管世界人民的平均寿命有了很大提高，但生命的质量并不乐观，身体对疾病的抵抗力越来越差。现在，人们用于治病的费用已远远高于吃饭的费用，并且越是发达国家医药费用越高。造成这一现状的根本原因就是不懂得养生之道。人们不知惜精如命，加强自身内在修养，却视之如粪土、垃圾，毫无节制地行淫欲之事，以满足自我情欲。不懂得养生之道，不仅造成身体的疾病，而且还造成精神上的疾病。现在，社会上因精神空虚而自杀身亡者逐年增加，老年忧郁症、痴呆症、精神分裂症等日趋严重。这些症状的产生都是不知修之于内，一味地寻求外来刺激，以满足自我欲望的结果。

道德功的修炼，就是从克制淫欲开始的。修炼道德功是遵循『液化精，精化炁，炁化神，神还朴』这一思路前进的，最重要的一环就是强调守精如玉，惜精如命，使之不脱、不漏，并长期坚持不懈，直至返璞归真。其中的奥妙就在一个『化』字，只知惜守，不知转化，同样会给身体带来疾病。随着精气的转化，人一旦进入天人合一的玄妙境界，自我私欲就自然慢慢地消失了，自我价值观亦随之转化。

第四十七章

不出户，知天下；不窥牖①，见天道②。其出弥③远，其知弥少。是以圣人不行而知，不见而明，不为而成。

【注释】

①牖：窗户。

②天道：指万物发展的规律。

③弥：越。

【译文】

不走出门外，就可以知道天下的事情。不眺望窗外，就能够明白自然的运行规律。一个人出门越远，他懂得的事情越少。所以，圣人不出门远行，就能够知道天下的常情；不观察外界，就能够认识宇宙一切事物；不挖空心思去做，就能够取得成功。

【品读】

圣人『不出户，知天下；不窥牖，见天道』，依赖的是反观内视的自身修养功夫，是解读自我基因组的结果。一个人的精力是有限的，智力也是有限的，仅凭五官去感知世界远远不够，因为宇宙是无限的。用有限的生命奔波世界各地，于事物的表面现象探索无限的宇宙奥妙，必然知之甚少。细胞虽是生命体的最小功能单位，却蕴藏着宇宙信息和遗传信息，所以，只要破译了基因密码，就能彻悟自然之道、社会之道和人生之道。这也就是『少则得，多则惑』的道理。

现在的人类基因工程，志在破译基因密码，目的就在于以小见大，揭示生命科学和自然科学的奥秘。

值得一提的是，基因工程将和分裂原子一样，是一把双刃剑，利害关系完全取决于人类的道德水平。道这一天书，只有用德去解码，才有百利而无一害。另外，破译基因密码的电脑功能毕竟是有限的，永远无法和人类的心灵相比，因此，密码的破译程度也是有限的。

圣人反观内视，修德悟道，不停留在事物的表面认识上，所以是『不行而知』；大道不能以目视，只能以神视，用心灵对基因组作生动、具体、形象的直观，所以说『不见而名』；圣人功德圆满，开发出了潜在的大智大慧和特异功能，虽然自我清静无为，却能成就无所不为的业绩，其关键是朴在发挥作用，所以说『不为而成』。

本章说明了微观认识论的巨大功用。微观认识功能为人人所具备，并非圣人独有。圣人之所以成为圣人，在于他不同于常人的认识方法。只要潜心修炼，人人可以成为圣人。

第四十八章

为学日益，为道日损①。损之又损，以至于无为。无为而无不为。取天下②常以无事③，及其有事，不足以取天下。

【注释】

①为道日损：思索和探索宇宙人生的意义，提高心灵的境界，可以日渐减少内在情欲和妄想。

②取天下：指治理国家。

③无事：指清静无为。

【译文】

追求学问的人，对知识的欲望每天都在增多，修道而欲念每日减少。减少再减少，能到达无为的境界。

无为就什么都能办到了。得到天下总是靠清静无为的方法。假如政治措施繁多严苛，就不能夺得天下。

【品读】

"为学"能够直接地给人类带来显而易见的、实实在在的利益。现代教育的内容就属于"为学"的范畴。而老子的"为道"则是现代教育还没有真正涉及的内容。老子的"道"既是智慧的大厦，又是通向智慧大厦的道路。"为道"就是追求智慧的道路，从这一点来说，道学就是哲学，因为它们的目的都是相同的。但是，传统哲学的课题是建立在单纯地对概念的分析研究基础上的，而不像道学是建立在默修实践基础上的，这是传统哲学的最大弊端。也正是这一弊端，导致了哲学处于困境之中。我们知道，"道"首先是一种境界，而这一境界是跳出了自我的圈子，跳出了有形世界的圈子所进入的客观存在的、忘我的、无形的心灵的境界。要想进入这一境界，只对概念做深入细致的逻辑分析是无法实现的。但是要达到哲学的目的，获得大智大慧，非得进入这一境界不可。"不识庐山真面目，只缘身在此山中"。只在现象世界中摸索，是不会认识自我、认识世界的真面目的。所以，哲学只有统一到老子的道学上来，才能成为名副其实的哲学。

关于智慧，苏格拉底认为，智慧是神才具有的。他所说的神其实就是人的心灵。我们注意到，在《道德经》中，老子把一个人分成"吾"和"我"，"吾"指代自我，"我"代表真我。智属于自我，是显意识、个体意识。智，知于表面现象，形成于后天。用自我之智看问题，只能是以物观物。以物观物则流于主观片面；慧属于心灵，是潜意识、集体意识。慧，明于道，形成于先天，但需要后天之智去开启、凝聚。用心灵之慧看问题，则以道观物。以道观物则客观全面。未体道之人，灵受制于魂，不能发挥应有的作用，慧就不能形成。智知于现象，慧明于大道，只有魂与灵合而为一，智慧才能形成。如果说，自我只是大自然的半成品，并非完人，那么，道学就是指导自我由半成品向成品过渡的学问。超越自我，解放心灵，开发潜意识，使认识的主体由自我变为心灵，这就是道学的根本目的。也只有超越自我，人才能成为大自然的真正强者。

关于哲学的方法，传统哲学的方法是怀疑法、逻辑分析法、归纳推理法等，而老子哲学的方法是『损』。损就是破除自我主观意识，也就是佛家所说的『破我执』。损是扬弃，扬弃那些不符合客观规律的意识，使主观反映客观。『损之又损』，就是否定之否定。损的过程是去粗取精、去伪存真、端正意识、肯定真理的过程，同时也是强身健体的过程。

另外，『损』是认识和实践的统一。不过这里的认识是对自我的认识，实践也是自我的默修实践。自我既是认识的主体，同时又是认识的客体，只有首先认识自我，才能把握真理，认识世界。认识的正确与否，又必须通过默修实践所带来的身心健康状况去检验。正确的认识对练功实践具有指导作用，否则，就会给身体带来灾难。『损之又损，以至于无为』，就是实践、认识，再实践、再认识，循环往复以至

无穷，直至坐入道境，获得真正的解脱。

就治身而言，只有魂诚于灵，灵才能获得自由。魂静灵动，魂则进入天人合一的境界。因为，『天下』是属于众灵的。就治国而言，『取天下』的动机应当自始至终是为了百姓的平等和自由，统治者心诚于民，才可以取得天下。如果取天下的目的是为了霸占天下，奴役人民，用人民的血汗来浇铸自己以及子孙后代的荣华富贵，那么他就不具备足以取得天下的正确思想，即使取得了天下，也不会江山永固。从奴隶社会到封建社会，历朝统治者无不用事实说明了这一历史规律。

这一章的中心是『为道』的问题。如果说『为学』涉及的是科学技术知识，是外在的学问，那么『为道』涉及的则是哲学，是追求内在智慧的学问。欲追求智慧必先正德，正德的过程就是『损』的过程，德正则『无事』，『无事』才可以进入道的境界，获得大智大慧。

『认识你自己』，这是哲学的根本目的。然而如何真正地认识自己，这是人类所处的困境。人类处于困境之中，是因为传统哲学处于困境之中。能够摆脱人类困境的是哲学，而能够摆脱传统哲学困境的是老子的《道德经》。

第四十九章

圣人无常心，以百姓心为心①。善者，吾善之②；不善者，吾亦善之；德善③。信者，吾信之；不信者，吾亦信之；德信④。圣人在天下，歙歙焉⑤，为天下浑其心⑥，百姓皆注其耳目⑦，圣人皆孩之⑧。

【注释】

①以百姓心为心：以老百姓的意志为意志。老子认为，理想的统治者应收敛意欲，克服以自我中心并去体会百姓疾苦。

②善者，吾善之：善良的人，我以善良对待他。

③德善：整个时代的品德归于善良。

④德信：整个时代的品德归于诚实。

⑤歙歙焉：统治者收敛自己的意志。

⑥浑其心：使人的心思归于混沌、纯朴。

⑦百姓皆注其耳目：百姓都竞相用智，追求自己的欲望。

⑧圣人皆孩之：有『道』的人应使百姓回到婴孩般的纯真状态。

【译文】

有『道』的『圣人』没有自己稳定的意志，（他）把老百姓的意志当作自己的意志。善良的人，我就以善良对待他；不善良的人，我也以善良对待他，这样整个时代的品德就归结为善良了。诚实的人，我以诚实对待他；不诚实的人，我也以诚实对待他，于是整个时代的品德就归结为诚实了。有『道』的人处在管理地位上，将收敛自己的欲望，使人心归结为混沌、纯朴。老百姓都专心于追求自己的欲望，有『道』的人使他们都回归到婴孩般的纯真浑朴状态。

【品读】

『以百姓之心为心』，是老子发自肺腑的正义的呼唤，蕴涵的是民主法治思想。纵观历史上政治家的名言，皆莫能超之。

圣人在没有被推举为统治者的时候，不停地探寻大道，修养自我，以待时机。歙歙，心敛意欲使真息运转，体现了圣人追求浑然忘我的天人合一的精神境界。下一句是就圣人的行道治国而言。圣人治身浑心于道，治国则浑心于民，和百姓心连心，体现了圣人公而忘私的高尚品德。

统治者对待政府官员要像家长对待自己的孩子一样严格要求，只有用不断完善的法律法规去制约他们，才是真正地关心和爱护他们。『家有家规，国有国法』，没有法律制约官员，徇私舞弊、贪赃枉法就在所难免。政府官员产生腐败，虽然有他们的自身因素，但是，作为一国的统治者就像一家之长一样，家中的子女出了问题，做家长的同样有着不可推卸的责任。至于出现集体腐败，则是人事制度不健全的表现，最高统治者应负主要责任。

本章集中体现了老子的民主立法、人人平等、言论自由以及民主监督思想。这些都是健全法制的主要保障。

道德的内涵随着时代的发展而变化。就是在这发展变化中，中华民族传统中的优秀美德更显露出蓬勃的生命力，诸如天下为公、以民为本、融入社区、敬业负责、勤俭持家、诚实待人、敬老爱幼、保持和睦的人际关系等，今天依然有弘扬的必要与价值。同时，还要把这些美德具体落到实处，如在选拔干部时，坚持以德才兼备为标准；在从事各行各业的工作中，注意遵守社会公德。总之，道德的要求在客观上伸张了社会的正气，在主观上则使个人无愧于人类的良知。因此，我们每个人都不可放松对自身的道德要求，更不可恃才失德，这不论是对于我们的立身处世，还是对于保持我们的内心宁静，都是至为关键的。

第五十章

出生入死①。生之徒②，十有三；死之徒，十有三；人之生，动之死地③，亦十有三。夫何故？以其生生之厚④。盖闻善摄生⑤者，陆行不遇兕虎，入军不被甲兵；兕无所投其角，虎无所用其爪，兵无所容其刃。夫何故？以其无死地⑥。

【注释】

①出生入死：出世为生，入地为死。

②生之徒：长寿之人。

③人之生，动之死地：人本来可以长生的，却意外地走向死亡之路。

④生生之厚：由于追求长生的欲望太强，营养过剩，因而奉养过厚了。

⑤摄生：养生。

⑥无死地：没有进入死亡范围。

【译文】

人出世为生，入地为死，长寿者仅仅有十分之三，属于短命而亡的人也有十分之三，本来可以长生却自己走向死路的人又有十分之三。为什么会产生这种现象呢？这是人们都把自己的生命和生活质量看得太重的原因。有人说过，善于保养自己生命的人，在陆地上行走不会遇到犀牛和老虎，在军队里当兵也不会受伤。犀牛看到他也不顶他，老虎看到他也不扑他，与人对阵兵器也刺伤不到他。这是什么原因呢？这是由于他还没有到该死的时候。

【品读】

「出生入死」，是养生之道，明白了养生之道，则健康长寿，否则，生命早逝。就人类寿命的自然现象而言，属于长寿的占总数的十分之三，属于短寿的占总数的十分之三。不言而喻，属于中等寿命的占总数的十分之四。

人的自然寿命（应不包括天灾人祸死亡的）因「动之死地」，即不懂得养生之道而缩短。人的自然寿命为什么会缩短了呢？原因就在于人们太惯养生命、厚待生命了。生生，前一个「生」是动词，惯养的意思。后一个「生」是名词即生命。所谓惯养生命，就是放纵欲望而不懂得加以克制。

「陆行不遇兕虎，入军不被甲兵。」是说通过练功，自我已经达到有情无欲的境界，故不需采取回避措施。兕虎虽猛，我无欲于它，我怎会受伤害呢？我以慈悲为怀，无「乐杀人」之心，与人和平相处，自然不为其伤害。

人生皆因「生生之厚」，缩短了寿命，以此说明了「摄生」的重要性。后面是用比喻的方式说明「善摄生者」所达到的境界。本章的秘诀是「出生入死」一句。

生和死是沉重的话题，老子围绕这个问题进行了至深地探讨。老子认为，导致许多人早死的原因主要是这些人生活得太丰厚、太娇生惯养了。一个想长寿的人，就不能太过于追求养生和生活质量。

人们都知道在温室里成长的花，是经不起风吹日晒的。人也是如此，在安逸的生活环境中，便很难养成克服困难、摆脱逆境的能力，会在困难面前束手无策、消沉绝望，这也是『富家多败儿』的原因之一。

第五十一章

道生之，德畜之，物形之，势①成之。是以万物莫不尊道而贵德。道之尊，德之贵，夫莫之命而常自然②。

故道生之，德畜之，长之育之，亭之毒之，养之覆之。生而不有，为而不恃，长而不宰，是谓玄德③。

【注释】

①势：万物生长的自然环境。

②莫之命而常自然：不干涉或主宰万物，而任万物自化自成。

③玄德：即上德。

【译文】

『道』生成万物，『德』养育它们，万物因此而出现各种形态，自然环境使之得到生长。因此万物没有不尊敬『道』而珍惜『德』的。『道』之所以受到万物的敬重，『德』之所以被重视，是由于它们并不加以干预、控制而任万物自然地生长。所以『道』生育万物，『德』养育万物，滋润万物，哺育万物，化生万物，养育万物，调养万物，庇佑万物。生而不占为己有，有所施为而不自傲，滋长而不主导，真可称为奥妙深远的『德』了。

【品读】

『道』是世界的本原，为万物之母，故说『道生之』。能够遵循自然规律为『德』，违背自然规律则生而不活，或者活而不久，故说『德畜之』。万物既生则以自身形态确认其本质特性。万物是否有成，是由其所处的环境即万物对环境的适应能力决定的。

道之所以尊，德之所以贵，在于道和德无为自然，不主宰、干涉万物，而是让万物完全顺应自然规律成长壮大。

在这里，生之、畜之、长之、育之、亭之、毒之、养之、覆之，讲述的是一个完整的自然生态系统，简明地指出了生物间相互依存、相互制约的内在机制。

在生态系统中，太阳为生命提供了赖以生存的能量，地球为其生存发展提供了空间。于是，地球上有了动物、植物和微生物。站在动物的角度上看，植物是生产者。植物利用光合作用把周围环境中的无机养分制造成有机物质，为消费者提供了生活资料。其中食草动物直接以绿色植物为生活资料，食肉动物则通过食物链间接以绿色植物为生活资料。微生物则以分解者的角色把有机废物破坏、腐烂，使养分回到周围中去，又为生产者提供了养分。

生产者、消费者和分解者的关系是相对的，实质上，它们各自扮演着三重角色。三者的关系构成了使生态系统能够持续发挥作用的基本结构。

在这一生态系统中，『道生之，德畜之』，揭示了生命的起源和生命所必须遵循的自然规律。『长之，育之』，是生物的自身繁殖和发展，即『物形之』。『亭之，毒之』，则是这一生态系统的平衡机制，即『势成之。』『养之，覆之』，则是这一系统能够持续发挥作用的物质转化机制。

生万物而不占有万物，为万物而不自恃己能，壮大万物而不主宰万物，这就是隐而不见的自然规律。圣人体道并能够遵循自然规律办事，就是『玄德』。

本章是生态系统论，讴歌了大自然的无为之德。大自然是和谐有序的，人与自然在本质上应当是一致的。人类在向自然索取生存和发展的物质资料的同时，应当遵循并利用自然规律，绝不能脱离自然规律的轨道去打破人类赖以生存的自然的生态平衡。人类与自然是对立统一的，利己主义的思想文化势必不断加剧人类与自然的矛盾，危及人类自身的生存和发展。老子的道德思想正是追求人与自然的和谐与统一。

第五十二章

天下有始[①]，以为天下母。既得其母，以知其子；既知其子，复守其母，没身不殆。塞其兑，闭其门[②]，终身不勤。开其兑，济其事，终身不救。见小曰明[③]，守柔曰强。用其光[④]，复归其明，无遗身殃，是为袭常[⑤]。

【注释】

①天下有始：万物均有起始。

②塞其兑，闭其门：塞住嗜欲的孔穴，闭上欲念的门径。

③见小曰明：能察见微小的事情，才叫作『明』。

④用其光：运用智慧的光。

⑤袭常：因循永恒的自然规律。

【译文】

天地万物都有开始点，把这起始作为天下的根源。掌握了根源，也就认识、懂得了万物，再去坚守万物之本，一生不会有危险。堵住嗜欲的孔穴，关上欲念的门径，一生不受劳累，不用劳作；而打开嗜欲的孔穴，增加纷繁的事件，一生得不到救赎。能察到细微，才称为『明』；能维持柔弱，就是刚强。运用智慧的光，反照内在的『明』，不会给自己招来麻烦和灾祸。这就是顺从常道、遵从规律。

【品读】

老子所遵循的认识规律是从『一般—个别』，而不是我们现在所遵循的认识规律，从『个别—一般—个别』，并且需要经过多次反复以至无穷。前者是微观认识论，后者是宏观认识论。

发表言论、从事安民济世活动，一定要遵循客观规律，并且善始善终，绝不可把自己打扮成救世主，使自我居于支配地位，操控国家大大小小的权力，否则，个人身败名裂事小，祸国殃民事大。国家的持久繁荣和稳定，是摆脱独裁统治，由民主法治来实现的。

只有『见小』，才能说是真正地明白。守住真朴，不感情用事，才是真正的强者。运用大道所开启的智慧之光，重新认识现实的人生和社会，才可以真正地明察事理。用以治身、治国，就不会出现灾殃，这是窥破天机的缘故。习常，即透过大道认识了永恒的自然规律。

本章是老子的微观认识论，即透过微观直接把握世界的本质和规律。本质与现象的关系，就是母与子的关系，知子守母，强调了本质对现象的认识指导作用。当代科学特别是生物学、原子物理学的发展方向，就是欲透过微观来认识世界。但是，这是一种机械的思维模式，其成果对人类既有有利的一面又有危害的一面。

许多已经成形的思想或理念，在行动中常常支配着我们的行动，让我们的头脑逐渐懒惰起来，不愿意跳出这个固定思维模式，用一种更为合适或者说简洁的方法去思考、行事。凭感觉、记忆为行动指导，不能客观对待事情，便很难解决问题。唯有一种『跳出三界外，不在五行中』的客观态度，挣脱思想枷锁的束缚，才能就事论事将问题解决。

内心清静能观察入微，叫作『明』；心地柔软平等待人，是真『强』。仔细观察事物的现况，再反向推演事物的本源，就能了解一切事理的本来面貌。如有违背正道常理之处，自然能予以改进或防范，自己就不会做错事情、遭受恶果。久而久之，就会正确处理事情了。

在老子的本段论述中，隐含着一个智慧或者说是一个忠告：要正视自己的不足，才能对这些不足加以防范和改正，才有利于长远发展。

第五十三章

使我介①然有知，行于大道，唯施是畏②。大道甚夷，而人好径③。朝甚除④，田甚芜，仓甚虚，服文彩⑤，带利剑，厌⑥饮食，财货有余，是为盗夸⑦。非道也哉！

【注释】

①介：的确。

②唯施（yí）是畏：只怕误入邪路。
③径：斜，不平，小路。
④朝甚除：朝廷非常腐败。
⑤服文彩：穿着华丽的衣服。
⑥厌：同『餍』，吃饱。
⑦盗夸：强盗头子。

【译文】

如果我真的有智慧，行走在大道上，唯一担忧的是走上邪路。大道很平坦，但国君都偏偏喜欢走歪斜的小路。朝廷很腐败，农田很荒芜，仓库很空虚，国君却身穿绣有花纹的丝织品，佩着锋利的宝剑，饱足于美味的饮食，并且有多余的财物，这种人就称为强盗头子。这就是不合乎自然之道啊！

【品读】

大道本来是平坦的，而统治阶级却偏偏喜欢邪路。帝王们为了炫耀自己的尊贵，追求浮华的生活，大兴土木，建造王宫。一边大肆搜刮民脂民膏，一边征调大量民工，结果田地荒芜，粮仓空虚，致使民不聊生。这是就不明道的帝王而言。有不明道的君主，就有不明道的文武百官。他们『服文彩』『带利剑』，穷奢极侈，贪赃枉法。在劳动人民不能真正当家做主的社会里，自上而下的官僚头目，大都是徇私舞弊、贪赃枉法、横行霸道、欺压善良的强盗。他们显财富、施威风，哪里有道德可言，无非是强盗的自我夸耀罢了。

唐代的赵蕤说：『考察一个人最有效的方法是看他怎么做而不是看他怎么说。人的品行总会有迹象表现出来，根据一个人的根本品质去参验他办事的迹象，那么是善是恶就无法掩饰了。』因此，不管修身，还是从政，都必须有一个最根本的准则。政治是否清明，人是否有才也都有迹象表现出来。如果能把持住根本，以办事的迹象作为考核的依据，那么就像水是凉的、火是热的一样，人的善恶就无法掩饰了。

第五十四章

善建者不拔①，善抱者不脱②，子孙以祭祀不辍。修之于身，其德乃真；修之于家，其德乃余；修之于乡，其德乃长③；修之于国，其德乃丰；修之于天下，其德乃普。故以身观身，以家观家，以乡观乡，以邦观邦，以天下观天下。吾何以知天下然哉？以此。

【注释】

①拔：拔出，移易。

②善抱者不脱：善于抱持的不可以脱落。

③长：被尊重。

【译文】

擅长建树的人，其建树的东西不可除去；善于抱持的人，他抱持的东西不会遗失。如果一个人既能建树事业，又能抱持事业，子孙便会因此而祭奠不绝。修德于一身，他的『德』就能够纯真；修德于一家，他的『德』就会丰盈有余；修德于一乡，他的『德』就会受尊敬；修德于一国，他的『德』就扩大；修德于天下，他的『德』便会全部得到认同。修德要推己及人、见微知著。因此从自己本身的情形去观察别的人；从自己一家的情形去观察别人家的情形；从自己一乡的情况去观察其他乡的情况；从自己一国的情形去观察别的国家的情形；从现在天下的状况，观察将来天下的状况。我靠什么来知道天下这样的现实呢？正是用的这个道理。

【品读】

这一节旨在说明人与社会的关系。每一个人都是属于社会的，不食人间烟火的出世思想于社会无益，也不能体现人生价值。为了自我超脱而不婚不嫁，出家无家，既不合乎阴阳之道，也不利于人类的繁衍生息。只有置自身修养于社会洪流之中，与社会同呼吸共命运，才能『子孙祭祀不辍』。

欲建功于天下者，必须以道德化天下。以道德化天下，必须从我做起。这和儒家『修身、齐家、治国、平天下』的思想是一致的。但是，从根本上来说，儒家并不真正懂得修身之道。孟子虽然有一定的养生功夫，但其境界毕竟是低层次的，远远不能和彻悟大道的老子相比。因此，儒家只能推行『家国同构』的治国思想以及仁、义、礼、忠、孝等伦理观念。此后，罢黜百家，独尊儒术，以家长制为核心的封建等级思想成为中国两千多年封建社会的主导观念就成为历史必然。道家则是『身国同构』思想，其生命哲学是追求心灵的无限自由，政治哲学则是追求人人平等自由。『身国同构』和『家国同构』虽然只有一字之差，但它造就的必然是两种完全不同的社会意识形态。有且只有『身国同构』的哲学思想，才能指导人类达到天人合一的思想境界，实现天下大同的美好理想。

值得一提的是，衡量社会的道德水平，不能仅从人民语言、行为以及社会的繁荣程度上来衡量，还应从社会成员的整体健康状况包括精神、心理等方面去衡量。因为修身悟道首先是从强身健体、端正人们的思想观念和精神面貌开始的。完善的治国之法来源于治身之德，治身之道和治国之道是相辅相成的。

第五十五章

含德之厚，比于赤子。毒虫不螫，猛兽不据，攫鸟①不搏。骨弱筋柔而握固。未知牝牡之合而朘②作，精之至也。终日号而不嗄，和之至也。知和曰常，知常曰明，益生曰祥，心使③气曰强。物壮则老，谓之不道，不道早已。

【注释】

①攫鸟：用脚爪抓取食物的鸟。

②朘：男孩的生殖器。

③使：支配。

【译文】

德行深厚的人，就如同刚出生的婴儿，与人无争、与物无害。因而毒蛇害虫不会伤他，猛兽野狼不会吃他，秃鹰凶鸟不会抓他。他的筋骨很软和，小拳头却抓得很紧。他不知男欢女爱之事，小生殖器却常常勃起，这是他精气足的原因。他终日啼哭，喉咙却不会沙哑，这是他元气纯和的原因。能保持这种纯和之气，叫『常』；能坚持『常道』，自我省视，称为『明』。贪生纵欲就会受害，欲望支配精气就称为逞强。事物太过壮盛了就会变衰老，这就叫不符合『道』，不遵从『常道』就会迅速地死亡。

【品读】

透过婴儿的自然本能，我们可以悟出许多哲理。一、之所以『蜂虿虺蛇不螫，攫鸟猛兽不搏』，是因为婴儿处于无私无欲的生理状态，无贪争之念，无相害之心，不会威胁到其他生命的存在和发展。纯真是婴儿的主要特征。二、婴儿虽然骨弱筋柔，但弱中有强，柔中有刚。

认识了矛盾的同一性也就把握了事物矛盾运动的客观规律，把握了这一客观规律，才能明察养生之道。有益于生命叫作吉祥，尊重客观规律，使理性战胜情感、意气才是真正的坚强。这里，『益生』是同一说，『心使气』是斗争说，斗争的目的在于同一。

就人类的身体素质而言，最强壮的时期大约是二十二岁，此时身体完全发育成熟，超过这个年龄，身体就开始衰老。对此，世人都以为是正常现象，而在老子看来，这是不懂得养生之道的结果。不懂得养生之道，寿命就会缩短。

不懂得养生之道就会放纵欲望，对外执着于名利，或作损人之心，或作防人之心，终日疲惫不堪；对内追求感官刺激，贪杯贪色，吸烟吸毒。如此一来，内损外耗，元气大伤，阴阳失调。于是各种疾病相伴而生。现代有多少人是无疾而终的呢？看到人们在痛苦中死去，我们能从中感悟到什么呢？古人说：『财是催命小鬼，色是刮骨钢刀，酒是穿肠毒药。』这些至理名言，谁能悟得透呢？

本章通过婴儿的生理现象，总结出事物的一般规律即对立统一规律。然而，统一是相对的、有条件的，认识了这一规律就要以顽强的道德意志去克服自我的不道行为，否则，就会遭到惩罚。《道德经》的中心议题在于强调整体的统一性。强调统一性并非不讲斗争，斗争是统一的必要条件，统一是斗争的必然结果。把握科学的斗争方式是取得统一的关键，这就是老子的用心所在。

第五十六章

知者不言，言者不知。塞其兑，闭其门，挫其锐，解其纷，和其光，同其尘①，是谓玄同②。故不可得而亲，不可得而疏；不可得而利，不可得而害；不可得而贵，不可得而贱。故为天下贵。

【注释】

①挫其锐，解其纷，和其光，同其尘：去其锋芒，化解其纷扰，含敛光耀，混同尘世。

②玄同：玄妙齐同的境界。

【译文】

通晓道的理念的人不用话语去表达道，用话语去表达道的人是不通晓道的人。明白道的理念就要阻塞住那些可视、可听、可味的孔窍，封闭住那些嗜欲的门户，磨去锋芒，消除纷扰，掩饰自己的光芒，混合于尘世，同道合为一体，这就是所谓的同于道。因此就应当作到：对待他人不可由于其与自己亲近而亲近他，不可由于其与自己疏离而疏离他；不可由于其曾有利于自己而还利于他，不可由于其曾有害于自己而害他；不可由于其尊敬自己而尊敬他，不可由于其轻视自己而轻视他。由此就能够得到全天下之人的拥护。

【品读】

老子认为『知者不言，言者不知』，表面上看，它解释为『知道的人不言说，言说的人不知道』。在古代，『知』和『智』在某些时候可以通用：如唐代陆德明《经典释文》说：『「知」者，或并云「智」。』老子分明又在暗指聪明人绝不会是夸夸其谈、爱出风头的人，更不会炫耀自己知识广博。不管老子指的是『知道』还是『智者』都说明了一个问题——这种谨慎言谈的人都是有涵养和智慧的人。

自我目光统一于大道之光、真我之光，即主观意识统一于客观规律。功名利禄、荣华富贵皆为大道之尘埃，我与大道同真，与万物一体。不以己悲，不以物喜，一切顺其自然。

自我之德统一于大道，完全扬弃自我，与真我同一，与宇宙同构而成为『神人』『圣人』。

朴的取得，是自我之德同于大道的结果，是自我超脱了亲疏、利害、贵贱乃至生死，达到物我两忘，不为一切主观的好恶、是非、美丑等情感羁绊的境界。所以，对于自我而言，不可因『得朴』而与之亲近，也不可因『得朴』而与之疏远；不可因『得朴』而谋私欲，也不可因『得朴』而危害他人；不可因『得朴』而自以为贵，也不可因『得朴』而自以为贱。因此，成为天下最可贵的人。

第五十七章

以正治国，以奇[1]用兵，以无事取天下。吾何以知其然哉？以此：天下多忌讳，而民弥贫；民多利器，国家滋昏；人多伎巧，奇物[2]滋起；法令滋彰，盗贼多有。故圣人云：我无为，而民自化；我好静，而民自正；我无事，而民自富；我无欲，而民自朴。

【注释】

①奇：与众不同的计谋。

②奇物：即邪事，不正当的事情。

【译文】

统治国家要用正道，用兵要用奇道，取得天下要用无为的方式。我是怎样得出上述结论的呢？因为我发现这样一些事实：人世间存有的忌讳越多，老百姓就越穷困；老百姓手里拥有的武器越多，国家越不安稳；人的创造力越高，邪风怪事越容易出现；国家的法律越严明，盗贼越多。因此有道的圣人说：『我达到了无为，老百姓就自我教化；我喜欢安静，老百姓就自然步入正道；我不去搅扰百姓，老百姓就自然能够富裕起来；我没有对物质利益的穷奢极侈的追求，老百姓自然也会形成淳朴节约的习惯。』

【品读】

『以正治国』就是以清静无为的『道』来治国。用兵则不然，欲运筹于帷幄之中，决胜于千里之外，必须运用奇谋。要想取得国家的领导权，成为人民拥戴的领袖，就要学会无为。

如果天下多忌讳，国家的法令也就烦琐严苛，人民不知道哪里一不小心就会触犯法令，做起事来就小心翼翼，为求自保，宁可少做少错，这样也就谈不上什么发展了，那么『民弥贫』也就是显而易见的事了。『民多利器，而邦家滋昏；民多智能，而奇物滋起；法令滋彰，而盗贼多有。』文明愈是先进，物质基础愈是丰厚，祸患反而愈深了。这是因为人们的自身修养并没有像迅速发展的物质基础一样发展起来，当人心不能够顺其自然、清静平正时，面对种种利器、智能、法令，自然也就容易盗贼奸佞迭起了。

取消主观说教，确立科学的世界观和认识论，通过自身默修实践，加强自我道德修养。圣人实行『不言之教』，让人们在自悟的过程之中，逐渐确立正确的思想观念。

热爱和平，反对战争。圣人以天下为公，没有称霸天下的野心。人民生活在民主自由、和平稳定的社会里，自然生活富足。

反对利己主义，倡导集体主义。只要人人消除了自我私欲，人民自然归于淳朴。

第五十八章

其政闷闷①，其民淳淳②；其政察察③，其民缺缺④。祸兮，福之所倚⑤；福兮，祸之所伏⑥。孰知其极⑦？其无正⑧也，正复为奇⑨，善复为妖⑩。人之迷，其日固久。是以圣人方而不割，廉而不刿，直而不肆，光而不耀。

【注释】

①闷闷：昏昧，这里是宽容的意思。

②淳淳：敦厚淳朴的样子。

③察察：明察苛细、条理分明的样子。

④缺缺：狡猾伪诈的样子。

⑤倚：依靠，依托。

⑥伏：伏藏，潜伏。

⑦极：极端，界限。

⑧正：准则。

⑨奇：奇诡，邪僻。

⑩妖：邪恶。

【译文】

国家的政令宽松，那里的民众就淳朴厚道；国家的政令严格苛刻，那里的民众就狡猾伪诈。灾祸啊，就是幸福依赖的东西；幸福啊，就是灾祸隐蔽的地方。谁知道它们的终点在哪里啊？是不是它们并没有明确的标准呢？正的转为邪的，善的转为恶的。人糊涂于祸、福之门，而不知其交替相生之理，时间已经很长了。因此圣人有棱角而不割伤人，锐利而不刺伤人，直率而不张狂，光亮而不耀眼。

【品读】

不同的社会制度，带来不同的社会面貌。在朴治社会里，圣人莅临天下，施行『无为之治』和『不言之教』，根据人民的心声和社会发展的需要，不断建立和完善社会法律，不搞形式，不搞运动，不搞个人崇拜，各级行政官员都默默无闻地履行自己的神圣职责，工作程序按部就班，循序渐进。表面看来，官场中并没有什么天才人物，也没有轰动天下的大手笔。但是，社会却在健康发展，人民的物质生活水平和道德水平日益提高，淳朴、厚道的社会风貌自然形成。相反，在专制社会里，统治者独断专行，唯恐失去了至高无上的权力，失去了既得利益。人民失去了自主权，积极性和创造性就得不到发挥，致使生活越来越贫穷，国家越来越混乱，人民生活在水深火热之中。

这一节，老子用辩证的观点，深刻揭示出事物的对立转化规律。说明祸与福、正与奇、善与妖都是可以互相转化的，只是迷恋于权利的统治者不明其中道理罢了。

人们迷恋名利的思想观念，实在是太牢固、太长久了。所以，圣人最初的治国方针是：用道德来规范人们的思想行为而不割舍法律；使各级政府官员为政清廉而不为名利所害；给百姓言论自由，让他们直抒己见而又不肆意妄为；使人人都为自己所做出的奉献感到光荣而又不自我炫耀。

天地之所以能够长久，是因为它的生存出发点不是为自己。因此圣人总是主动把自己放在最后，不汲汲于争先，结果反而能够处处占先；总是将自己置之度外，结果反而能够保全生命。这正是由于圣人们从不怀抱自私之心的缘故。

第五十九章

治人事天①，莫若啬。夫唯啬，是谓早服②。早服谓之重积德；重积德则无不克，无不克则莫知其极。莫知其极，可以有国；有国之母③，可以长久。是谓根深固柢，长生久视④之道。

【注释】

①治人：治理百姓。事天：保守精气，养护身心。

②早服：尽早服从自然事理。

③母：根本之道。

④长生久视：长久地维持、长久存在。

【译文】

管理百姓和养护身心，没有比珍惜精力更为重要的了。珍惜精力，得以做到尽早服从自然事理，就是不停地积『德』；不停地积『德』，就没有什么不能攻克的；没有什么不能攻克，那就无法估计他的力量；具备了这种无法估计的力量，就可以承担治理国家的重任。有了管理国家的原则和道理，国家就能够长久维持。国运永久，就称为根深蒂固，符合长远维持之道。

【品读】

就治国而言，本章同样是强调节俭之德。治身需要节俭，治国同样需要节俭，国家的繁荣和稳定是以物质文明为基础的，精神文明离不开物质文明，建设高度的精神文明必须以物质文明为基础。面对财富而不穷奢极侈，就是『早服』，这是不断改造主观主义的结果。

修养自我，培育真朴莫过于遵守俭德。

早服的过程也是炼精化炁的过程，也就是通过修炼道德功来实证实悟的过程。只有通过实证实悟，让事实说明问题，才能培养和巩固科学的世界观和方法论，这就是『重积德』，德积才有精气不失，精气不失才能转化为真气。一旦真气充盈，则没有攻克不了的脉络穴道。没有攻克不了的脉络穴道则不知道真气究竟有多大的功用，不知道真气究竟有多大的功用，则可以获得精神天国。常守精神天国之母即精气，就可以长久地沉浸在精神天国里。

精气是精神天国之母。因为精气是进入精神天国的物质基础，这也是强调『啬』的原因。

根深固柢，就是中医学的固本培原思想。精气为一身之本，只有视精如命，啬而藏之，修成不漏之身，才可谓『根深固柢』。也只有根深固柢，才能确保自我之躯长寿，精神天国久存。所以说，根深固柢才是健康长寿和心灵自由之道。

『长生久视』，并非长生不老，否则，『民至老死不相往来』则无法解释。延长寿命，尽其天年，无疾而终，就是『长生』；可以长时间地沉浸在道的境界里，直觉大道之奥妙，享受心灵的逍遥，就是『久视』。长生久视，兼顾了生命的量和质两个方面。

第六十章

治大国，若烹小鲜①。以道莅天下，其鬼不神②。非其鬼不神，其神不伤人③。非其神不伤人，圣人亦不伤人④。夫两不相伤，故德交归焉⑤。

【注释】

①鲜：鱼。

②神：指鬼作怪。

③非其鬼不神，其神不伤人：并不是鬼怪不再作怪，而是即便它们作怪也伤害不到人了。

④非其神不伤人，圣人亦不伤人：不仅鬼怪不能伤害人，圣人有道也不会伤害人。

⑤两不相伤，故德交归焉：鬼神和圣人都不伤人，所以人民享受到了『德』的恩泽。

【译文】

治理大国就像烹任小鱼一样。用清静无为的道统治天下，鬼怪就不会作怪了。并不是鬼不灵了，而是它作怪也伤不了人了，而圣人也不想伤害人。鬼神和圣人都不伤害人。就能够让人民享受到德的恩泽。

【品读】

治国策略可以从烹制小鲜鱼的方法上得到启示。小鱼的骨刺和鱼肉相当，如果不加以烹煎的话，其食用价值很小。烹煎的目的在于使小鱼骨酥、肉鲜，皆能为我所用。达到这一目的的关键在于把握火候，做到骨刺、鱼肉二者兼顾，既要把骨刺炸酥，又不能让鱼肉焦煳。这一道理用在治国上，就是要求统治者应掌握法律这一火候，运用法律手段，来处理官员（骨）和人民群众（肉）的关系，既不能是无政府主义，也不能任凭官员利用职权去贪赃枉法，伤害人民。

在有道的社会里，圣人莅临天下，『以百姓之心为心』，高举正义之剑，横扫以害人为能事的牛鬼蛇神。在浩然正气面前，他们再也不敢以鬼神自居，纷纷投胎做人。鬼逝则神灭，人们不知有鬼，焉知有神？这是因为人民成了鬼神的克星，鬼神岂敢害人？不仅他们不敢害人，作为最高统治者的圣人也不去伤害人民。因为圣人是由人民推举产生的，圣人所持的尚方宝剑是由人民铸造并用来维护人民利益的。

圣人和他所领导的官员都不伤害人民，并为人民所爱戴，这是因为圣人施行的『无为之治』和『不言之教』，是以德合道，使道和德又一起回到人间。

本章以烹制小鱼作比，形象、鲜明地强调了依法治国的重要性。只要天下有道，人民有德，则鬼神匿迹，社会安定。

第六十一章

大邦者下流①，天下之牝，天下之交也。牝常以静胜牡，以静为下。故大邦以下小邦②，则取小邦；小邦以下大邦，则取③大邦。故或下以取，或下而取。大邦不过欲兼畜人④。小邦不过欲入事人⑤。夫两者各得所欲，大者宜为下。

【注释】

①下流：即下游。

②以下小邦：以谦卑对待小国。

③取（qǔ）：即趋，使信任，使归顺。

④大邦不过欲兼畜人：大国只不过想要聚养小国。

⑤入事人：待奉别人。

【译文】

大国要像位于江河下游那样，使天下百川河流汇集在这里，居于天下雌柔的位置。雌柔常以安静守定而超过雄强，这是因为它位于柔下的缘故。因此，大国对小国谦卑忍让，就能够取得小国的信任和依靠；小国对大国谦卑忍让，就能够见容于大国。因此，有时大国对小国谦让而获得小国的信任，有时小国对大国谦让而见容于大国。大国不过是想聚养小国，小国不过是要待奉大国，两方面各得所想要的，大国特别应该谦卑忍让。

【品读】

大海之所以为大，是因为处下，天下所有河流在那里交汇的缘故。这一句用海洋和河流作比大国和小国，说明大国和海洋一样，能兼容小国的缘故。

天下的雌性动物，常常以温柔征服天下的雄性动物。阴之所以胜阳是因其本性符合大道之性。牝胜牡，就是阴胜阳，静胜动。同样道理，如果大国能够以谦下守静之德对待小国，就可以取得小国的拥护和归顺；如果小国以柔和守静之德对待大国，则可以取得大国的尊重和保护。

『或下以取，或下而取』，说明不管是大国征服小国，还是小国征服大国，其前提条件都是守静谦下，即大国和小国的和平共处是建立在相互信任、相互尊重基础上的。大国取得小国的归顺，目的不过是为了让更多的人加入道德事业的行列，使道德之树不断成长和壮大。小国加入大国的行列，目的不过是同大国一道，共同维护道德事业的发展，让道德普及天下。大国与小国的建交，既体现了共同的目标，又满足了各自的愿望。但是，在建交之初，大国更应该有大国的风度，以主动谦下之德去接纳小国。

本章论述的是国际外交政策。以天地阴阳之妙用，推论大国和小国的和平共处原则。大国守静处下，是符合客观规律的。倘若以强凌弱，以大欺小，就违背了自然法则，必被小国战胜。小国若不能遵守自然法则，躁动妄为，以小犯大，必国破人亡。所以，不论大国小国都必须建立在相互尊重的基础上，和平共处，共同造就人类社会的繁荣和稳定。

在本章中，老子表面上虽然阐述的是国家如何发展壮大的智慧，实则阐述的是一种人生智慧——若想发展自己，唯有将自己放低才行。

放低自己，就是通常所说的低调做人。它是一个心态问题，也是对自己人生价值的估量问题。自觉非同一般、高人一等，便会放不下架子，也夹不住尾巴，只能颐指气使、俯视于人。只有把自己当成一个平凡人，才会与人平等、看人平视、待人平和。

第六十二章

道者万物之奥①。善人之宝，不善人之所保②。美言可以市③尊，美行可以加人④。人之不善，何弃之有？故立天子，置三公，虽有拱璧以先驷马，不如坐进⑤此道。古之所以贵此道者何？不曰求以得、有罪以免邪？故为⑥天下贵。

【注释】

①奥：庇荫。

②保：保持。

③市：用作动词，买，换取。

④加人：被人看重。

⑤坐进：跪献。

⑥为：被，受到。

【译文】

『道』是庇护万物之所，是善人的宝贵宝物，是不善人也要保持的东西。好话能买到名誉，善行能获得重视。那些不善之人，凭什么要舍弃『道』呢？所以拥护天子，设立三公。尽管有拱璧在先、驷马随后的礼仪，还比不上献上道。古人重视道的原因是什么呢？不是说求就能够得，有罪能免除受灾吗？所以才被天下人重视。

【品读】

『道』，蕴藏着宇宙万物之所以存在和发展变化的奥妙，蕴涵着获得人生幸福的大智大慧。善人得道，成为人生之至宝，终生受用无穷。那些贪求外在功利的不善之人不可能得道，但是，为了获得极端个人利益，满足他们人生欲望，又不得不借助于道来掩饰、保护自己。

美丽动听的语言可以换回别人的尊敬，美好的行为可以获得别人的拥戴——刘备摔子，曹操割发，即属于『美言』『美行』。也正因为懂得『美言』『美行』，才成就了他们的帝王之尊，猎取了他们所追求的外在名利。既然『美言可以市尊，美行可以加人』，不善之人又怎么能够弃绝呢？因此，世间才确立了『天子』，配置了『三公』。言下之意，天子、三公都是披着道的外衣，善于说漂亮话、做漂亮事的不善之人。

奴隶社会、封建社会的统治者，称自己为上天的儿子，那么由他们建立、执掌的帝王政权就是天命所授，自己的一切行为都是上天的旨意，因而是合理的。公，公平、公正的意思，这里指称诸侯国的国王。周朝的最高统治者称『天子』，各诸侯国的国王称『公』。王公的任务是奉天子之命，公平、公正地为民办事。三，并非确数，是『多』的意思。天子、王公本来是剥削阶级的代表人物，却被美化成上天的儿子、人民的公仆，这才是天下最大的谎言。『自古权与贵，不系才与贤』，是对天子之尊、三公之贵的最确切的注解。

天子、三公不绝，世间不善之人不灭！

第六十三章

为无为，事无事，味无味①。大小多少②。报怨以德。图③难于其易，为大于其细；天下难事，必作于易；天下大事，必作于细。是以圣人终不为大④，故能成其大。夫轻诺必寡信，多易必多难。是以圣人犹难之，故终无难矣。

【注释】

①为无为，事无事，味无味：此句意为把无为当作为，把无事当作事，把无味当作味。

②大小多少：大生于小，多起于少。

③图：图谋，谋虑也。

④不为大：不自以为做了大事。

【译文】

以无为的心态去有所作为，以不生事的方法去处理事物，把平淡无味当作有味。大生于小，多起于少。以德回报别人的憎恨。处理问题要从容易的地方下手，实现远大要从细小的地方入手。天下的难事，必定从简单的地方做起；天下的大事，一定从细小的部分开始。因此，有『道』的圣人始终不贪求大贡献，因此才能做成大事。那些随便许下的诺言，一定很少能够实现，把事情看得太简单，必然遭受很多困难。所以，有道的圣人总是重视困难，因此就终于没有困难了。

【品读】

治理国家要实行无为之治。处理国家事务，不能怀有个人私心。思考问题要思考那些没有发生而可能发生的问题。要用辩证的观点看待大、小、多、少的关系，要以正确的思想观念对待群众的怨言。群众的怨言并不是无缘无故的，它是社会体制不健全的具体体现。

解决难题，要从最容易的开始，规划宏伟蓝图要从最小处着眼。国家那些很难解决的问题，必定都是从看似简单的事情引起的；国家所取得的巨大成就，必定都是从小事开始，一步一步实现的。所以，圣人治理国家自始至终所从事的看起来似乎都是一些小事，但也正是这些小事才化解了国家的困难，造就了国家的繁荣富强，同时也铸就了圣人的伟大形象。

轻易许诺的人不慎重考虑问题，把问题看简单了，待到实际去做的时候，却发现不是他当初想象的那么容易，这是造成『寡信』的原因。一旦失信于人，就很难再得到众人的帮助，得不到众人的帮助，困难就越多。所以，『多难』必是『寡信』的结果。

因此，圣人做事与轻诺的人不同，他总是举轻若重，慎终如始，这样一来，他就自始至终都不会有困难了。

本章以辩证法的观点，论述了大小、多少、轻重、难易的辩证关系，并指明了解决这些矛盾的具体措施，即遵循事物发展的量变质变规律。

第六十四章

其安易持①，其未兆易谋，其脆易泮②，其微易散。为之于未有，治之于未乱。合抱之木，生于毫末；九层之台，起于累土③；千里之行，始于足下。为者败之，执者失之。是以圣人无为故无败，无执故无失。民之从事，常于几成而败之。慎终如始，则无败事。是以圣人欲不欲，不贵难得之货；学不学，复④众人之所过，以辅万物之自然而不敢为。

【注释】

①持：维持，把握。

②泮：通『判』，分裂，破碎。

③累土：一筐土。

④复：返。

【译文】

事情安定，局面就容易保持。事情还没有改变的迹象，就容易谋划。脆弱的东西，就容易破碎，而细小的东西，则容易消失。所以在事情还没萌芽的时候，就要事先处理，在乱事还没形成的时候，就要早做预备。合抱的大树，萌发于细小的幼芽。九层的高台，由一筐筐土堆积而成。千里远行，要从脚下的第一步为开端。人们如背离上述规律有所作为反而坏事，抓住不放反而会丧失。因此圣人一事无成，所以也不会导致失败；无所执着，也不会受到损失。人们做事情，总是在将要成功时失败。所以当事情将要完成的时候也要像开始时一样慎重，这样就没有办不到的事情。所以有道的圣人追逐人所不追逐的，不稀罕很难得到的货物；学习别人所不学习的，弥补众人的过失；用来辅助万物的自然发展，而不会妄加干涉。

【品读】

《黄帝内经》上说：『圣人不治已病治未病，不治已乱治未乱』，『夫病以成而后药之，乱以成而后治之，譬犹渴而穿井，斗而铸锥，不亦晚乎？』这和老子所说的道理是完全一致的。这一节，强调圣人之治的重点在于认识并遵循自然规律，防患于未然。

『合抱之木，生于毫末；九层之台，起于累土；千里之行，始于足下。』这里列举三个具体事例，说明一切事物的发展变化都有量变到质变的过程，只求质变而不注重量的积累是不切实际的。

主观妄为而不顾客观规律的必然失败，执着于自我使自我居于支配地位的必然失去支配地位。因此，圣人始终遵循客观规律而为，所以没有失败；始终不使自我居于支配地位，所以没有丧失。这一节，从正反两方面说明了顺其自然的重要性。人是大自然的产物，应当接受自然规律的主宰。如果不能自觉遵循客观规律，却执着于自我而妄作妄为，必然要遭到惩罚。

人们从事于某一件事，常常在接近成功的时候遭受失败，其根本原因在于他们不能遵循自然规律，而是心存自我，心存名利，心存狂妄。如果在其接近成功的时候仍能保持举事之初的谨慎，就不会有失败了。如中国历史上的农民起义，往往在接近成功的时候遭到失败，病根就在于那些领袖人物当革命临近成功的时候思想发生了根本性的转化。举事之初，他们怀着对统治阶级的无比仇恨和对劳苦大众的无比同情而高举义旗，旨在为穷人打天下。革命即将成功的时候，他们却迫不及待地享受胜利果实，以至内部之间争权夺利，导致革命失败。如李自成、洪秀全之流，倘若他们能够慎终如始并摆正自己与人民、与国家的利害关系，就不会出现失败的命运了。这一节说明慎终如始的重要性，强调任何时候都不能偏离大道。

圣人所欲，为真朴之欲，常人所欲为自我名利之欲。圣人之欲在内，常人之欲在外。欲望在内的不贵身外之物却能保全自我，欲望在外的求名求利却祸患不离自我。圣人所学为大道之学，目的在于返璞归真；众人所学为名利之学，目的在于升官、发财。圣人不学众人所学，是因为大道之学利人利己，扭转、避免了众人所学中的过失。众人所学损人利己，最终人己俱损。大道之学在于掌握世界的本质规律，用以辅助万物因循自然规律，而绝不敢违背自然规律去妄作妄为。一个『辅』字表明人是具有能动性的。人与自然是对立统一的，承受着自然界作用的人，并非单纯消极地适应自然，完全有能力去把握和利用自然规律，从而能动地辅助万物，利用万物，充分享用大自然馈赠给人和人类社会生存和发展所需要的一切财富。但是，人的能动作用决不能脱离自然规律的轨道去任意发挥，否则，势必遭到大自然的报复和惩罚。这一节说明圣人所欲、所学都是合乎大道的，常人所学则是偏离大道的。

本章论述了人与自然、社会的关系。人是属于大自然的，大自然的发展是有规律的，规律是不以人的主观意志为转移的。人具有能动性，可以认识和利用自然规律。人的自身实践活动及社会实践活动只有尊重自然规律，才能获得与大自然的和谐统一。

第六十五章

古之善为道者，非以明民①，将以愚之民。之难治，以其智多。故以智治国，国之贼；不以智治国，国之福。知此两者亦稽式②。常知稽式，是谓玄德。玄德深矣，远矣，与物反矣③，然后乃至大顺。

【注释】

①明民：使老百姓精明巧伪。

②稽式：法式，法则。

③反：返回，复归。

【译文】

古代那些善于遵从大道的人，不是用知识来使人民变得智慧伪诈，而是要让人民消除巧诈之心，回归到敦厚老实的原始天性上来。民众之所以很难管理，是因为他们过于巧诈。用智巧心机来管理国家，那是国家的灾害；不用智巧心机来管理国家，那将是国家的福分。能够明白这两条治国的法则，永远保持这两条法则，就是最高的德性。最高的德性非常深远，与万物复归至真朴。做到了这些之后，就能达到完全合乎自然规律的境界了。

【品读】

老子的『愚民』思想实为明民之举，绝不是『愚民政策』。愚，是扬弃自我之智而明真我，明真我才能明白世界，明白一切。常人明自我而昧真我，实为内外皆愚。守自我而不明真我，必然以自我为中心，以自我为中心，则行『人之道』，『损不足而奉有余』；明真我，自然形成以『他人』为中心的世界观，以他人为中心，则行『天之道』，『损有余而补不足』。『人之道』和『天之道』是对立的。『人之道』是个人主义、利己主义，『天之道』是集体主义、利他主义。如果用个人主义、利己主义去衡量『明』和『愚』，那么，具有个人主义、利己主义思想的人是『明人』，具有集体主义、利他主义思想的人是『愚人』。相反，如果用集体主义、利他主义去衡量『明』和『愚』，那么，具有个人主义、利己主义思想的人是『愚人』，具有集体主义、利他主义思想的人是『明人』。也就是说，观念一致的同为『明人』，观念不一致的对方是『愚人』。『非以明民，将以愚之』，是说要消除人们的个人主义、利己主义思想，培养人们的利他主义、集体主义思想，走共同富裕的道路。个人主义、利己主义是人心浮躁、社会纷乱的根源，而集体主义、利他主义是人心思定、天下大顺的根本。

『以智治国』，就是利用自我之智实行『人治』。所谓人治，就是由统治者垄断国家权力，搞专制统治，以一人之心或少数人之心统治全国人民，最大限度地满足统治者的欲望，这难道不是国家的最大祸害吗？『不以智治国』，就是实行『无为之治』即民主法治。实行民主法治必然『以百姓之心为心』。人民当家做主，享有充分的人权和自由，这自然是国家和人民的福气。『国之贼』说明独裁统治对于国家的危害性，是对人治的否定；『国之福』则是对法治的肯定。

『知此两者亦稽式』，是说认识到了人治之于社会的危害和法治之于社会的有益，也就懂得了辩证法。能够自始至终用科学的辩证思想来指导国家建设和人们的道德实践活动，就是具备了玄德。玄德，来源于『道』的正确意识，是合乎自然规律的普遍真理。玄德的指导作用是巨大的，影响是深远的。玄德与名利观念完全相反，只要用玄德取代了人们以自我为中心的名利观念，『人之道』就会转向『天之道』，天下『大顺』的局面也就形成了。

本章论述了道德教育之于社会进步的重要性，而完善的社会制度是进行全民道德教育的基础。老子否定人治，肯定法治，强调『愚民』，旨在建立以集体主义为核心的道德观，反对极端个人主义和利己主义。

第六十六章

江海所以能为百谷王者，以其善下之①，故能为百谷王。是以圣人欲上民②，必以言下之；欲先民，必以身后之。是以圣人处上而民不重③，处前而民不害④。是以天下乐推而不厌。以其不争，故天下莫能与之争。

【注释】

①下之：居其下。

②上民：处于人民之上。

③不重：不感觉压力沉重。

④不害：不认为有妨害。

【译文】

江河大海能成为众多河流交汇的地方，是因为它善于居于低下的地方，所以才能成为许多河流归向的地方。所以，有『道』的圣人想要治理人民，就必须用言词来对人民表示谦卑；想要主导人民，必须把自己（的利益）放在人民的利益之后。因此，圣人居于人民之上而人民不感到有压力；处于人民之前而人民不感到有灾祸。因此天下人民乐于拥护他而不厌弃。正由于他不与人争，所以天下才没有人可以与他争。

【品读】

圣人之所以能够成为百姓之王，是因为圣人具有谦下而不与百姓争权夺利的高尚品德。

『天下乐推而不厌』，是老子彻底的民主思想，理想的统治者是由人民推举产生的，统治者的权力来源于人民。

圣人的权力不是凭借阴谋诡计得来的，也不是世袭继承来的，更不是独裁者『培养』和『选拔』的接班人，而是以实际行动赢得人民信任的结果。如果不能获取广大人民群众的信任，任何人都不可能和圣人争夺权力。在『有道』的社会里，统治者的权力是扎根于人民的。那些为了个人名利而争权的人，人民决不会把权力授予他们。不争名利而争得民心，即是『不争之争』。『不争之争』，是争名争利者永远不可战胜的。

本章是老子的民主思想。热情讴歌了实行民主法治的圣人，褒扬了圣人的伟大，并对不道的统治者进行了否定和抨击。

如何以出世的心情做入世的事情呢？譬如老子的『无为而无不为』，譬如佛家的『砍柴担水，无非妙道』，譬如儒家的『谋事在人，成事在天』，讲的都是这个道理。我们要工作，要为家人的幸福而努力，要为社会的建设而付出心血，这就是入世。但是我们自己不应该抱有挟恩图报、沾沾自喜的念头，以为自己做了多么了不得的事情，付出了多么大的牺牲，更不应该想要得到别人的感恩和回报，只要觉得尽了力，从了心，那就足够了，也就是道家提倡的顺其自然了。

所以，我们可以如江海善于处下，而后自然内心丰盈，不受外物所役。

第六十七章

天下皆谓我『道』大①，似不肖②。夫唯大，故似不肖。若肖，久矣其细也夫！我有三宝，持而宝之。一曰慈，二曰俭，三曰不敢为天下先。慈故能勇；俭故能广③；不敢为天下先，故能成器长④。今舍慈且⑤勇；

舍俭且广；舍后且先；死矣！夫慈，以战则胜，以守则固。天将救之，以慈卫之。

【注释】

①我『道』大：道即我，我即道。

②肖：相似之意。

③俭故能广：因为节俭所以能富裕。

④器长：万物的首长。

⑤且：反要。

【译文】

天下人都说我讲的道很大，好像不能比拟。正因为它太大，所以才不能比拟。假如能比拟，就显示渺小了。我有三件法宝，紧紧抓着并把它们当作宝物：一是慈爱，二是简朴，三是不敢处在天下人前面。慈爱，因此能勇敢；生活简朴，所以能增长财富；不敢处在天下人前面，因此能成为万物的首长。如果抛弃慈爱还很勇敢，抛弃节俭仍在增长财富，不在后面而想走在前面，就会临近死亡。慈爱，用来作战就能获胜，用来防守就能稳固。天要帮助他，就会让慈爱来保护他。

第六十八章

善为士①者，不武；善战者，不怒；善胜敌者，不与②；善用人者，为之下。是谓不争之德，是谓用人之力，是谓配天，古之极。

【注释】

①士：将帅。

②与：这里是与敌人争斗之意。

【译文】

善于作将帅的不要威风；善于作战的不随便发怒；善于克敌制胜的不好斗；善于用人的对人谦卑。这称为与人无争的美德，这称为运用别人的能力，这称为顺应自然的道理，是古来就有的准则。

【品读】

『不武』『不怒』，是慈德，不以感情用事。三国时许褚赤膊上阵遭箭穿，就是武、怒的结局。『不与』，是俭德，为胜敌的必要条件。『为之下』，是『不敢为天下先』，为谦下、守静之德。以退为进，以守为攻，是用兵策略，可以确保慈、俭之德不失。『不争之德』，是克制而不盲动，不争一时之勇。不争则守，守则敌动我静，动则必耗其力，我以逸待劳，以静制动，又以强大的兵力做后盾，自然可以取胜。这是最符合天地创始的规律的。

第六十九章

用兵有言：『吾不敢为主①，而为客②；不敢进寸，而退尺。』是谓行无行③，攘无臂④，扔无敌⑤，执无兵。祸莫大于轻敌，轻敌几丧吾宝。故抗兵相若⑥，哀⑦者胜矣。

【注释】

①为主：主动进攻，进犯敌人。

②为客：被动退守，不得已而应敌。

③行无行：虽然有阵势，却像没有阵势可摆一样。

④攘无臂：虽然要奋臂，却像没有臂膀可举一样。

⑤扔无敌：虽然面临敌人，却像没有敌人可攻击一样。

⑥抗兵相若：两军力量相当。

⑦哀：闵、慈。

【译文】

从古至今用兵的人说过：『我不敢积极进犯，而采取守势；不敢前进一步，而宁愿后退一尺。』这就称为虽然有阵势，就像没有阵势可摆一样；尽管要奋臂，就像没有臂膀可举一样；尽管面临敌人，就像没有敌人可打一样；尽管有兵器，就像没有兵器可以执握一样。祸害再没有比轻敌更大的了，轻敌几乎失去了我的『三宝』。因此，两军实力相当的时候，慈悲的一方能够获得胜利。

【品读】

本章是老子的用兵之道。慈、俭、不敢为天下先是用兵者最根本的指导思想。以『三宝』为指导思想的是仁义之师、正义之师。自古正义战胜邪恶，以争、贪为目的的侵略战争必然以失败而告终。

凡用兵交战，有进有退，当进则进，当退则退。进则『不武』『不怒』，只为取得战果；退则审时度势，是为保存优势兵力，绝不做无谓的牺牲。

懂得兵法的专家有这种说法：『我不敢主动作战，宁愿被动而战，不敢侵略攻击对方一寸，宁可忍让退后一尺让他。』这就是以静制动、以退为进、人不知我之图乃至让对方看我似乎有备战，却又好像没有备战；虽然看似抵挡，却看不见我举出来的手臂；虽然似乎有攻击动作，却又好像没拿任何兵器；虽然似乎要擒住敌人，却又看不见我的战士。

古人用兵最讲究虚虚实实、真真假假，这样能够使敌人摸不清自己的真正实力而不敢善举妄动。老子虽然不会打仗，也不曾带军，然而他却对兵法有着深入的研究。他从这一兵法中引申出了一个『虚实并用』的人生智慧。故而他提出了『兵有言吾不敢为主而为客，不敢进寸而退尺，是谓行无行，攘无臂，扔无敌、执无兵。』的论断。

当然，老子的这一论断的对象是竞争对手或敌人，对待我们的竞争对手或敌人，千万不能实打实、硬碰硬，那样只能在竞争中消耗我们的实力，而无法获得卓有成效的胜利。

第七十章

吾言甚易知，甚易行。天下莫能知，莫能行。言有宗①，事有君②。夫唯无知，是以不我知③。知我者希，则我者贵④。是以圣人被褐⑤而怀玉。

【注释】

①言有宗：言论有一定主旨。

②君：根本、依据。

③夫唯无知，是以不我知：正因为人们无知，所以才不了解我。

④则我者贵：以我的主张为准则很难得。

⑤被：同『披』，穿在身上。褐（hè）：粗布衣服，穷苦人所穿。

【译文】

我的话很容易体会，也很容易推行，但天下没有人能够懂得，也没有人去推行。我的言论都有源头，我行事都有纲领。正因为人们不明白我的言论和行事，也就不了解我。了解我的人十分少，仿效我的人就十分珍贵了，所以圣人就像是外面披着粗布衣、怀里揣着宝玉的贫贱者。

【品读】

大道至深至奥，却又简明易行。『甚易知，甚易行』，是对明道之人而言；『莫能知，莫能行』，是对不明道之人而言。问题的关键在于所遵循的认识路线。世人强调宏观认识论，老子强调微观认识论。世人执着于对外部世界的认识，老子则执着于对自我的认识。大道隐藏于自身，只有求之于内，才能认识世界的本质规律。关于道的学说，是老子毕生实践、独立思考的成果，这一成果很难为世人理解和接受。正因为老子考虑到『天下莫能知，莫能行』，所以为世人留下了不朽名著《道德经》，以及功夫传人，使大道之学经久不衰，并且越来越为世人所重视。

人们的人生观和价值观是受世界观支配的，一切言论必须以世界的本原为宗旨。人类的一切实践活动必须遵循自然规律，接受自然规律的主宰。就自我而言，『朴』是通过自我修身实践创造出的真我，也是自然规律的化身。创造出真我，也就完成了认识的主体由自我向真我的过渡，从而，真我为君，自我为臣。

一切言论要有它的本源，一切行动要服从客观规律。这是老子的自然观。

自我之知是对现象世界的认识，是肤浅的、主观片面的；真我之知是对世界本质的认识，是深刻的、客观全面的。

这一节的意思是：人们没有真知的唯一原因是不能以真我来认知世界，认识真我的人很少，能够效法真我亦即用真我来规范自我的人更可贵。圣人之所以成为圣人，是因为圣人不执着于表面现象而贵在拥有真我。

在大千世界芸芸众生之中，人类有得天独厚的专长，就是『知』，也是『智』。可以说这是人类区别于万物的最基本的属性，所以，『知』是人类生存发展的关键。但是『知』不代表就能『行』，也就是说讲理论很容易，可是实行却是很难的。这不是古人的偏见，而是客观存在的事实。

能知亦能行，让知与行统一起来的人，才是合乎于道的。这样的人或许在有些自认为聪明的人眼里是呆板蠢笨的，但是从长远来看，他们才是得到尊重的，才是真正获利的。

第七十一章

知[①]不知[②]，尚[③]矣；不知知[④]，病也。圣人不病，以其病病[⑤]。夫唯病病，是以不病。

【注释】

①知：知道，动词。

②不知：不知道。

③尚：通『上』，高明。

④不知知：不知道却自以为知道。

⑤病病：把这种毛病当作病。

【译文】

知道自己有所不知，这是很英明的。不懂装懂，这就是一种毛病。有道的圣人没有这种毛病，因为他把『不知知』当作了一种毛病。正因为他把毛病当作毛病，所以，他没有毛病。

【品读】

老子说『知不知，尚矣。知不知，病也』，意思是知道自己的无知是高明的，而不知以为知就是弊病了。老子针对当时的人自以为是、自作聪明的病态提出了严厉的控诉。他在对这些病态的人作了剖析之后，又将圣人的『不病』摆在了世人的面前，以此进行对照，结果不说自明了。圣人怎样呢？『圣人之不病，以其病病，是以不病。』老子说圣人没有毛病的原因是圣人能承认自己的缺点和不足，并努力加以改正，长此以往他也就没有什么毛病了。

圣人贵在能承认自己的不足，而不是自以为是、刚愎自用，所以圣人日益完善成了大家学习的榜样。我们每个人都不可能孤立生存，都和他人发生着各种各样的联系，生活在大集体中的我们，怎样才能和他人和睦相处？首先我们必须克服自以为是的弱点。

可是生命中总不乏这样的人，他们不懂装懂，刚刚了解了一些事物的皮毛，就以为掌握了宇宙变化与发展的规律；还有些人没有什么知识，而是凭借权力地位，招摇过市，便摆出一副智者的架势，用大话、假话欺人、蒙人。对于这些人，老子大不以为然，并且提出了尖锐的批评。

在这个的问题上，中国古代哲人们有非常相似的观点。孔子有言曰：『知之为知之，不知为不知，是知也。』（《论语·为政》）在老子看来，真正领会『道』之精髓的圣人，不轻易下断语，即使是对已知的事物，也不会妄自臆断，而是把已知当作未知，这是虚心的求学态度。只有这个态度，才能使人不断地探求真理。

知人不易，自知更难。老子认为能识别他人只是机智，而能认识自己才算高明。

第七十二章

民不畏威，则大威①至。无狎②其所居，无厌③其所生。夫唯不厌，是以不厌。是以圣人自知不自见④；自爱不自贵。故去彼取此。

【注释】

①大威：大的暴乱。

②无狎："狎"通"狭"，意为压迫、逼迫。

③厌：指压迫、阻塞的意思。

④不自见：不自我表现，不自我显示。

【译文】

当人民不害怕统治者的威压时，那么，可怕的动乱就要到来了。不要强迫人民不得安居，不要堵塞人民谋生的道路。只有不强迫人民，人民才不讨厌统治者。因此，有道的圣人不仅有自知之明，而且也不自我展现；有自爱之心也不自显尊贵。所以要抛弃后者（自见、自贵）而保持前者（自知、自爱）。

【品读】

法律本来是制约社会上那些损害人民利益的不法之徒的，当法律成为剥削和压迫人民，维护统治阶级利益的工具时，法律本身就代表了邪恶。一旦人民不堪承受剥削和压迫，向反动势力以死抗争的时候，统治阶级的末日也就到来了。

哪里有压迫，哪里就有反抗。当人们一旦感到生活无望、生不如死的时候，就会以死相拼，去反抗腐朽的统治阶级。纵观历史，不论是奴隶社会还是封建社会，国家分分合合，每一个王朝都不是永久的。反动统治一旦出现无法挽回的政治危机，就会被一个新的朝代所代替。这一历史现象产生的根源就在于统治者『以智治国』，实行利己主义。只有实行『无为之治』，让权利永远属于人民，社会才能永远安定，人民才会永远富足。

自知、自爱，是超越了功名利禄的最高的人格形象。所以，圣人取自知、自爱，舍弃自见、自贵。

本章是政治论。歌颂了圣人的自知、自爱精神，鞭挞了专制统治者的自见、自贵作风。并告诫统治者，不要无视人民的力量，否则，必被人民打翻在地。